Beck-Rechtsberater

Ratgeber Erbengemeinschaft

dtv

Beck-Rechtsberater

Ratgeber Erbengemeinschaft

Was Erben wissen sollten

Von Prof. Dr. Walter Zimmermann,
Vizepräsident des Landgerichts Passau a. D.,
Honorarprofessor an der Universität Regensburg

1. Auflage

Deutscher Taschenbuch Verlag

Im Internet:

dtv.de

beck.de

Originalausgabe
Deutscher Taschenbuch Verlag GmbH & Co. KG,
Friedrichstraße 1 a, 80801 München

Gesamtherstellung: Druckerei C. H. Beck, Nördlingen
(Adresse der Druckerei: Wilhelmstraße 9, 80801 München)
Umschlaggestaltung: Agentur 42 (Fuhr & Partner), Mainz,
unter Verwendung eines Fotos von GettyImages
ISBN 978-3-423-50670-0 (dtv)
ISBN 978-3-406-57184-8 (C. H. Beck)

Vorwort

Die Erbengemeinschaft entsteht kraft Gesetzes mit dem Erbfall, wenn der Erblasser mehrere Erben hinterlassen hat; entweder weil er kein Testament errichtete (so dass die Erbschaft an die gesetzlichen Erben fällt und dies mehrere Personen sind) oder in einem Testament/Erbvertrag mehrere Personen als Erben einsetzte.

In der Bundesrepublik Deutschland gibt es bei einer Bevölkerung von rund 82 Millionen jährlich ca. 840.000 Sterbefälle. In 44% der Fälle liegt der Nachlasswert unter 20.000 €, in 56% der Fälle darüber. Durchschnittlich werden 65.000 € vererbt.

In über der Hälfte aller Erbfälle sind mehrere Personen Erben, Alleinerbschaft ist der seltenere Fall. In den meisten Erbengemeinschaften gibt es Streitpunkte. So war es schon immer; einige der ältesten Urkunden befassen sich mit Erbteilungsstreitigkeiten.

Dieses Buch soll helfen, die Miterben über ihre Rechte und Pflichten bei der Verwaltung und Auseinandersetzung des Nachlasses einschließlich der Steuern und der anfallenden Kosten aufzuklären, und praktische Hinweise geben. An zahlreichen Beispielen wird die Rechtslage dargestellt. Ohne Kenntnis der jeweiligen gesetzlichen Vorschrift kann nicht vernünftig argumentiert werden; deshalb sind die einschlägigen Paragrafen angegeben.

Im konkreten Fall ist eine sachkundige Beratung durch einen Notar oder Anwalt nicht entbehrlich, weil Erbrecht eine komplizierte Materie ist und es auf die Besonderheiten des Einzelfalls ankommt.

Passau, im Januar 2008 *Walter Zimmermann*

Inhaltsübersicht

Inhaltsverzeichnis

Seite

Seite

Seite

Seite

Seite

Abkürzungsverzeichnis

aA	Anderer Ansicht
aaO	am angegebenen Ort
Abs.	Absatz
aF	alte Fassung
AG	Amtsgericht
AGBGB	Ausführungsgesetz zum BGB
Alt.	Alternative
AO	Abgabenordnung
Art	Artikel
BayObLG	Bayerisches Oberstes Landesgericht
BB	Der Betriebsberater (Zeitschrift)
BeurkG	Beurkundungsgesetz
BewG	Bewertungsgesetz
BFH	Bundesfinanzhof
BGB	Bürgerliches Gesetzbuch
BGBl	Bundesgesetzblatt
BGH	Bundesgerichtshof
BGHZ	Entscheidungen des Bundesgerichtshofs in Zivilsachen
BMF	Bundesministerium der Finanzen
BNotO	Bundesnotarordnung
BStBl	Bundessteuerblatt (Teil I bzw Teil II)
BTDrucks.	Bundestags-Drucksache
BVerfG	Bundesverfassungsgericht
BWNotZ	Zeitschrift für das Notariat in Baden-Württemberg
bzw	beziehungsweise
DB	Der Betrieb (Zeitschrift)
d.h.	das heißt
DJ	Die Justiz (Zeitschrift)
DNotZ	Deutsche Notarzeitschrift
EGBGB	Einführungsgesetz zum BGB
E	Erblasser
ErbStG	Erbschaftsteuergesetz
ErbStDV	ErbSt-Durchführungsverordnung
ErbStR	ErbSt-Richtlinien

EStG	Einkommensteuergesetz
EStDV	ESt-Durchführungsverordnung
evtl.	eventuell
FamRZ	Zeitschrift für das gesamte Familienrecht
ff	(fort-)folgende
FGG	Gesetz über die Angelegenheiten der Freiwilligen Gerichtsbarkeit
FGPrax	Praxis der Freiwilligen Gerichtsbarkeit
G	Gesetz
GBO	Grundbuchordnung
GG	Grundgesetz
GKG	Gerichtskostengesetz
GVG	Gerichtsverfassungsgesetz
HöfeO	Höfeordnung von 1976
Hg	Herausgeber, herausgegeben
hM	herrschende Meinung
idR	in der Regel
InsO	Insolvenzordnung
iSv	im Sinne von
iVm	in Verbindung mit
JR	Juristische Rundschau (Zeitschrift)
JVEG	Justizvergütungs- und entschädigungsgesetz
JZ	Juristenzeitung
KG	Kammergericht
KostO	Kostenordnung
LFGG	Landesgesetz über die Freiwillige Gerichtsbarkeit (Baden-Württemberg)
LG	Landgericht
LM	Lindenmaier/Möhring (Nachschlagewerk des BGH)
MDR	Monatsschrift für Deutsches Recht
MittBayNot ...	Mitteilungen des Bayerischen Notarvereins
MittRhNotK ..	Mitteilungen der Rheinischen Notarkammer
MünchKomm	Münchener Kommentar zum BGB
NdsRpfl	Niedersächsische Rechtspflege (Zeitschrift)
nF	neue Fassung
NJOZ	Neue Juristische Online-Zeitschrift
NJW	Neue Juristische Wochenschrift
NJWE-FER	NJW – Entscheidungsdienst Familien- und Erbrecht
NJW-RR	Rechtsprechungsreport der NJW

NotBZ	Zeitschrift für die notarielle Beratungs- und Beurkundungspraxis
Nr.	Nummer
OLG	Oberlandesgericht
PKH	Prozesskostenhilfe
RG	Reichsgericht
RGZ	Entscheidungen des Reichsgerichts in Zivilsachen
RNotZ	Rheinische Notarzeitschrift
RPflG	Rechtspflegergesetz
Rpfleger	Der Rechtspfleger (Zeitschrift)
Rspr	Rechtsprechung
RVG	Rechtsanwaltsvergütungsgesetz
RVG VV	Vergütungsverzeichnis des RVG
Rz	Randziffer
S.	Satz, Seite, siehe
SGB	Sozialgesetzbuch
sog.	so genannt
str	streitig
u. a.	unter anderem
uU	unter Umständen
VBVG	Vormünder- und Betreuervergütungsgesetz
VerschG	Verschollenheitsgesetz
VersR	Versicherungsrecht (Zeitschrift)
vgl.	vergleiche
WM	Wertpapiermitteilungen (Zeitschrift)
zB	zum Beispiel
ZErb	Zeitschrift für Erbrecht
ZEV	Zeitschrift für Erbrecht und Vermögensnachfolge
ZIP	Zeitschrift für Wirtschaftsrecht
ZPO	Zivilprozessordnung

Literaturverzeichnis

Ann, Die Erbengemeinschaft, 2001
Anwaltkommentar zum BGB, Band 5 (Erbrecht, hg von Kroiß/Mayer/Ann), 2004
Bamberger/Roth/Bearbeiter, BGB, Band 3, 2003
Brox/Walker, Erbrecht, 22. Aufl. 2007
Büser, Die Erbengemeinschaft, 1997
Damrau (Hg), Erbrecht (Kommentar), 2004
Damrau, Der Minderjährige im Erbrecht, 2002
Eberl-Borges, Die Erbauseinandersetzung, 2000
Frank, Erbrecht, 3. Aufl. 2005
Frieser (Hg) Erbrecht, 2005
Frieser u. a. (Hg) Handbuch des Fachanwalts – Erbrecht, 2005
Groll (Hg), Praxishandbuch Erbrechtsberatung, 2005
Juris-Praxiskommentar, Band Erbrecht (Hg Hau), 2. Aufl. 2005
Klein, Erbengemeinschaft, 2005
Klinger (Hg), Münchener Prozessformularbuch, Band 4 (Erbrecht) 2004
Lange/Kuchinke, Erbrecht, 5. Aufl. 2001
Leipold, Erbrecht, 16. Auflage, 2006
v. Lübtow, Erbrecht (2 Bände) 1971
Michalski, BGB-Erbrecht, 3. Aufl. 2006
Münchener Kommentar zum BGB, Band Erbrecht, 4. Aufl. 2004
Olzen, Erbrecht, 2. Aufl. 2005
Palandt/Bearbeiter, BGB, 67. Aufl. 2008
Sarres, Die Erbengemeinschaft, 2. Aufl. 2006
Schellhammer, Erbrecht, 2. Aufl. 2006
Schuhmann, Die Erbengemeinschaft, 2005
Schlüter, Erbrecht, 15. Aufl. 2004
Soergel/Bearbeiter, BGB, Erbrecht Bände 21 bis 23, 2002
Staudinger/Bearbeiter, BGB (mehrere Bände, 1997 bis 2004)
Tanck/Lenz, Die Erbengemeinschaft, 2006
Werber, Die Erbengemeinschaft, 2006
Zimmermann, Erbschein und Erbscheinsverfahren, 2. Aufl. 2008
Zimmermann, Erbrecht, 2. Aufl. 2007

I. Einleitung des Nachlassverfahrens

1. Informationsbeschaffung

Wenn jemand stirbt, sind bestimmte Personen (Angehörige, Krankenhaus usw) verpflichtet, den Todesfall beim örtlich zuständigen Standesamt zu melden. Das Standesamt verständigt dann das Amtsgericht Abt. Nachlassgericht (in Teilen von Baden-Württemberg ist das der Bezirksnotar). Dort wird eine Nachlassakte angelegt und der nächste Angehörige, soweit bekannt, aufgefordert ein eventuelles Testament vorzulegen, gegebenenfalls die Verwandtschaftsverhältnisse darzulegen. Wenn keine Reaktion erfolgt ist in der Regel vom Nachlassgericht nichts weiter veranlasst; es überlässt es den Beteiligten, die Sache unter sich zu klären. Nur in zwei Bundesländern (Bayern, Baden-Württemberg) wird die Erbfolge von Amts wegen geklärt, auch wenn kein Erbschein beantragt wurde, falls ein nennenswerter Nachlass vorhanden ist. Sind die Eheleute M und F als Miteigentümer im Grundbuch eingetragen und stirbt M, ist es deshalb denkbar, dass das Grundbuch unberichtigt bleibt; solange die Grundsteuer etc bezahlt wird, besteht in der Regel kein Handlungsbedarf; erst wenn das Grundstück veräußert werden soll muss dann das Grundbuch berichtigt werden. Ist kein Grundstück vorhanden, aber Wohnungseinrichtung und Bankkonten, dann wird kein Erbschein zur Verfügung über die Bankkonten benötigt, wenn M der F eine Vollmacht über den Tod hinaus ausgestellt hat (so sind die üblichen Bankvollmachten formuliert). Hier ist also denkbar, dass F den Nachlass abwickelt, ohne dass die Miterben einbezogen werden.

Beispiel: M und F sind kinderlos verheiratet (Zugewinngemeinschaft); M stirbt; er hinterlässt die Witwe F und eine Nichte (N). Wenn kein Testament des M vorhanden ist (in dem er zB seine Frau als Alleinerbin einsetzte), tritt gesetzliche Erbfolge ein. F wird Erbin zu 3/4, die Nichte zu 1/4 (§§ 1925, 1931, 1371 BGB). F hat begreiflicherweise kein Interesse daran, etwas zu tun. Das Gericht wird von sich aus in der Regel nicht tätig. N sollte die Witwe auffordern, mitzuteilen, ob ein Testament vorhanden ist. Reagiert F nicht, sollte N beim Nachlassgericht einen gemeinschaftlichen Erbschein beantragen, dass sie Erbin des M zu ¼ und die F zu ¾ geworden ist. Dazu wird F gehört, gegebenenfalls wird vom Rechtspfleger eine Nachlassverhandlung angesetzt und es wird ein gemeinschaftlicher Erbschein (wie beantragt) erteilt.

Nun setzt der steinige Weg ein, von F Angaben über den Umfang des Nachlasses zu erhalten; ist er überschuldet? (S. 10). Ist F kooperativ, kann sie der N alle Unterlagen zur Verfügung stellen und es kann eine Nachlassteilung ohne Einschaltung des Gerichts erfolgen.

Wird beim Nachlassgericht ein **Testament abgegeben,** dann wird es vom Gericht „eröffnet". Der Beteiligte (zB ein Miterbe, ein Vermächtnisnehmer), der nicht zugegeben ist, wird vom Nachlassgericht über die Teile des Testaments in Kenntnis gesetzt, die ihn betreffen (§ 2262 BGB), zB durch Übersendung einer Photokopie. Voraussetzung ist natürlich, dass dem Gericht die Anschriften bekannt sind. Der Antragsteller eines Erbscheins nach gesetzlicher Erbfolge hat die Verwandtschaftsverhältnisse im einzelnen darzulegen und Adressen mitzuteilen. Ist er dazu nicht in der Lage, kann das Nachlassgericht einen Nachlasspfleger einsetzen (§§ 1960, 1961 BGB), der Erben und Adressen ermittelt.

Auch wenn ein naher Verwandter nicht als Erbe in einem Testament (bzw Erbvertrag) eingesetzt ist, aber als gesetzlicher Erbe in Frage käme, ist er berechtigt, beim Nachlassgericht ein eröffnetes **Testament einzusehen** (§ 2264 BGB; Palandt/Edenhofer § 2264 Rz 2) und eine Kopie zu verlangen (Voraussetzung ist ein „rechtliches Interesse"). Denn es könnte ja sein, dass das Testament gefälscht oder aus besonderen Gründen nichtig ist oder so unklar, dass sich daraus doch ein Erbrecht des gesetzlichen Erben ergibt.

In die **Nachlassakten** (die das Testament, Erbvertrag, Gerichtsprotokolle, Schriftwechsel mit den Beteiligten, Nachlassverzeichnis, Erbschein enthalten) hat jemand ein Einsichtsrecht, wenn er ein „berechtigtes Interesse" glaubhaft macht (§ 34 FGG).

Den **Erbschein** allein kann einsehen, wer ein berechtigtes Interesse daran hat (§ 78 FGG), also zB Personen, die andernfalls gesetzliche Erben wären; die Erteilung einer Ausfertigung kann begehrt werden (§ 85 FGG).

In das **Grundbuch** kann Einsicht nehmen, wer ein berechtigtes Interesse darlegt (§ 12 FGG); oft ist es so, dass entferntere Angehörige nicht wissen, ob der Erblasser Alleineigentümer oder nur Miteigentümer oder Mieter des Hauses war, das er bewohnte.

2. Miterben, die nichts vom Erbfall wissen

Denkbar ist, dass irgendwo ein entfernter Verwandter gestorben ist, man aber von der Verwandtschaft und dem Erbfall nichts weiß. In solchen Fällen erbt letztlich der Staat (§ 1964 BGB). Zuvor muss aber uU ein öffentliches Aufgebot erlassen werden, in dem Erben aufgefordert werden, sich zu melden. Das kann man nachlesen im „elektronischen Bundesanzeiger“ (www.ebundesanzeiger.de), dort im „gerichtlichen Teil“ im Abschnitt „Aufgebot von Personen in Nachlasssachen“. Auch die Höhe des Nettonachlasses ist dort veröffentlicht.

II. Die Entstehung der Erbengemeinschaft

1. Mehrere Erben

Die Erbengemeinschaft entsteht **kraft Gesetzes** mit dem Erbfall, wenn der Erblasser mehrere Erben hinterlassen hat (§ 2032 Abs. 1 BGB); entweder weil er kein Testament errichtete (so dass die Erbschaft an die gesetzlichen Erben fällt und dies mehrere Personen sind) oder in einem Testament/Erbvertrag mehrere Personen als Erben einsetzte. In über der Hälfte aller Erbfälle sind mehrere Personen Erben, Alleinerbschaft ist der seltenere Fall.

Beispiele: (1) M und F heiraten, gesetzlicher Güterstand, zwei Kinder sind vorhanden. M stirbt ohne Testament. Es entsteht eine Erbengemeinschaft aus F (Anteil $^1/_2$: §§ 1931 Abs. 1; 1371 BGB) und den beiden Kindern (Anteil je $^1/_4$; § 1924 BGB). (2) M hinterlässt aus erster Ehe einen Sohn, aus zweiter Ehe eine Tochter, eine nichteheliche Tochter und die dritte Ehefrau. Wiederum entsteht eine spannungsreiche Erbengemeinschaft aus der dritten Frau ($^1/_2$) und den drei Kindern (je $^1/_6$). (3) Der in Gütertrennung verheiratete M stirbt kinderlos. Seine Eltern leben noch. Es entsteht eine Erbengemeinschaft aus der Witwe ($^1/_2$); Vater und Mutter zu je $^1/_4$ (§§ 1931, 1925 Abs. 2 BGB).

a) Fälle, in denen trotz Personenmehrheit keine Erbengemeinschaft besteht

Es gibt einen Reihe von Fällen, in denen mehrere Personen aus der Erbschaft etwas erhalten, aber trotzdem keine Erbengemeinschaft vorliegt. Das ist wichtig, weil dann das Rechtsverhältnis anders als in §§ 2032 ff BGB geregelt ist; ein Miterbe hat beispielsweise Mitspracherechte bei der Nachlassteilung, ein Pflichtteilsberechtigter dagegen nicht (er erhält den Pflichtteil in Geld, wenn nichts anderes vereinbart ist; sonst geht ihn der Nachlass und dessen Verwaltung nichts an).

aa) Vermächtnisnehmer

Sie sind keine Erben; zwischen ihnen und den Erben entsteht keine Erbengemeinschaft, sondern ihr Anspruch richtet sich gegen den/die Erben (§ 2174 BGB). Damit tauchen schwierige Abgrenzungsfragen auf:

Beispiele: (1) Wenn der Erblasser schreibt: „Mein Sohn soll mein Erbe sein; meine Nichte erhält den von der Großmutter stammenden Schmuck", dann wird die Nichte in der Regel nur ein Vermächtnis erhalten haben (§ 2087 Abs. 2 BGB). (2) Wenn der Erblasser schreibt: „mein Sohn soll das Haus erben, meine Tochter die Wertpapiere bei der Sparkasse", kommt es letztlich auf die Auslegung, insbesondere auf die Wertverhältnisse am Todestag an, ob zwei Miterben eingesetzt wurden oder der eine nur Vermächtnisnehmer ist.

Die Klärung erfolgt im Erbscheinsverfahren; denn Vermächtnisnehmer werden weder im Erbschein aufgeführt noch sind sie berechtigt, einen Erbschein zu beantragen. Beantragt ein Vermächtnisnehmer einen Erbschein als Miterbe, wird sein Antrag mit dieser Begründung (kostenpflichtig) abgewiesen.

bb) Pflichtteilsberechtigte

Pflichtteilsberechtigt sind Ehegatten, Abkömmlinge, Eltern (§ 2303 BGB). Sie sind keine Erben; mit ihnen entsteht keine Erbengemeinschaft.

Beispiel: Der verwitwete Erblasser E hinterlässt drei Kinder; den Sohn hat er durch Testament enterbt und seine beiden Töchter zu Erbinnen eingesetzt. Der Sohn hat einen Pflichtteilsanspruch (die Hälfte von $1/3$, also $1/6$; § 2303 BGB) als Geldanspruch gegen seine zwei Schwestern. An der Erbengemeinschaft ist er nicht beteiligt.

cc) Vorerbschaft, Nacherbschaft

Zwischen Vorerben und Nacherben (§§ 2100 ff BGB) besteht keine Erbengemeinschaft. Zwischen mehreren Nacherben besteht vor dem Nacherbfall keine Erbengemeinschaft (BGH NJW 1993, 1582), weil eine Erbengemeinschaft ein ihr zugeordnetes Vermögen braucht, was fehlt.

Beispiel: Der Erblasser E hat seine Frau als Alleinerbin eingesetzt und bestimmt, dass nach ihren Tod sein Nachlass an die beiden Töchter fällt. Erst nach dem Tod der Mutter bilden die beiden Töchter eine Erbengemeinschaft. Der Pflichtteilsanspruch steht ihnen nicht „als Erbengemeinschaft" zu, sondern jeder Tochter gesondert.

dd) Sonderrechtsnachfolge

Grundsätzlich gilt im Erbrecht Gesamtnachfolge (§ 1922 BGB); das ganze Vermögen geht also auf die Erben über, nicht einzelne Gegenstände. Ausnahmen gibt es bei den Personengesellschaften (OHG, KG, BGB-Gesellschaft); ist im Gesellschaftsvertrag bestimmt, dass die Gesellschaft mit den Erben des verstorbenen Gesellschafters fortgesetzt werden soll, fällt der Gesellschaftsanteil nicht an die Erbengemeinschaft, sondern splittet sich auf und fällt direkt an die Erben. Denn eine Erbengemeinschaft kann nicht Gesellschafterin einer OHG, KG, BGB-Gesellschaft sein (BGH NJW 1977, 1339), weil sonst keine schnellen geschäftlichen Entscheidungen möglich wären. In dem Teil des Bundesgebiets, in dem die Höfeordnung gilt, fällt der Hof unmittelbar an den Hoferben, auch wenn mehrere Erben vorhanden sind. Die Vertragsrechte bezüglich der Mietwohnung des Erblassers fallen unmittelbar an den eintrittsberechtigten Angehörigen (§ 563 BGB).

ee) Keine Begründung durch Vertrag

Eine Erbengemeinschaft kann nicht durch Vertrag begründet werden, auch nicht nach durchgeführter Auseinandersetzung wieder neu begründet werden.

Beispiel: E ist gestorben und hat zwei Kinder und zwei Grundstücke hinterlassen. Sie setzen sich auseinander und jeder erhält eine Grundstück. Wenn sie die beiden Grundstücke dann wieder gemeinsam verwalten wollen, können sie keine Erbengemeinschaft mehr begründen, sondern nur noch eine Bruchteilsgemeinschaft (§§ 741 ff BGB) oder GmbH usw oder einen Verwaltungsvertrag schließen.

b) Ober- und Untererbengemeinschaften

Mehrere Erbengemeinschaften können ineinander verschachtelt sein; das ist häufig der Fall.

Beispiel: Nach dem Tod des E wurden seine drei Kinder A, B, C Erben zu je $^1/_3$. Dies ist die Erbengemeinschaft I (Ober-Erbengemeinschaft). Dann stirbt C und wird von seinen Kindern X, Y zu je ½ beerbt. Dieser Erbengemeinschaft II (Unter-Erbengemeinschaft; Erbeserbengemeinschaft) gehört der Nachlass des C, wozu auch der $^1/_3$-Miterbenanteil des C an der Erbengemeinschaft I zählt; X und Y sind aber nicht als Einzelpersonen Mitglieder der Erbengemeinschaft I zu je $^1/_6$ geworden, sondern ihre Erbengemeinschaft hält einen Drittelanteil an einer anderen Erbengemeinschaft (Einzelheiten sind umstritten). X kann zwar über seinen Anteil an der Unter-Gemeinschaft allein verfügen (§§ 2032, 2033 BGB), über den Anteil an der Ober-Gemeinschaft aber nur gemeinsam mit Y (§ 2040 BGB).

Ober-Erbengemeinschaft (I)	$^1/_3$: A	$^1/_3$: B	$^1/_3$: C	
Unter-Erbengemeinschaft (II)	–	–	$^1/_2$: X	$^1/_2$: Y

c) Strategie des Erblassers, um eine Erbengemeinschaft zu vermeiden

Erbengemeinschaften sind meist unerfreulich. Der Erblasser kann sie durch entsprechende Regelungen in seinem Testament (Teilungsanordnungen, Vermächtnis) vermeiden:

Beispiele: (1) E hinterlässt seine Frau (gesetzlicher Güterstand) und seine zwei Kinder. Es entsteht eine Erbengemeinschaft, an der die Witwe mit ½, die beiden Kinder zu je ¼ beteiligt sind. Wenn E seine Frau als Alleinerbin einsetzt und seinen Kindern als Vermächtnis je ¼ des Vermögens zuwendet, entsteht keine Erbengemeinschaft. (2) E hat u. a. drei etwa gleichwertige Eigentumswohnungen und drei Kinder. Es wird eine Erbengemeinschaft zu je $^1/_3$ entstehen und wenn sich die Kinder nicht einigen müssen die Wohnungen versteigert werden. Wenn E im Testament eine Teilungsanordnung trifft („Der Nachlass soll so geteilt werden, dass mein Sohn A die Wohnung in München, meine Tochter B die Wohnung in Köln und mein Sohn C die Wohnung in Berlin erhält“) entfällt der Streit insoweit.

2. Die Annahme der Erbschaft

Die Erbschaft geht mit dem Erbfall auf den Erben über (§§ 1922, 1942 Abs. 1 BGB); er erwirbt Eigentum und Besitz (§ 857 BGB).

Entgegen der Meinung der Laien ist eine „Annahme“ der Erbschaft nicht erforderlich. Erbe wird man auch, wenn man vom Todesfall oder vom Testament keine Kenntnis hat; insbesondere ist man auch Erbe geworden, obwohl man keinen Erbschein hat. Wer eine Erbschaft annimmt, kann sie nicht mehr ausschlagen.

Die Annahme bedarf **keiner Form,** auch keiner notariellen Beglaubigung der Unterschrift, muss nicht unbedingt gegenüber dem Nachlassgericht erklärt werden, es genügen Erklärungen gegenüber dem Nachlasspfleger, Nachlassgläubiger oder sonstiges schlüssiges Verhalten.

Die **Annahme** kann auf drei verschiedene Weisen erfolgen:

- Durch Annahmeerklärung (wer einen Erbschein beantragt, nimmt dadurch die Erbschaft an).
- Durch schlüssiges Annahmeverhalten (wer Nachlassgegenstände verkauft, äußert dadurch seinen Annahmewillen).
- Wenn die Ausschlagungsfrist (in der Regel sechs Wochen, § 1944 Abs. 1 BGB) verstrichen ist, ohne dass ausgeschlagen worden ist, wird die Annahme fingiert (§ 1943 BGB).

Bei **Miterben** ist auf jeden Miterben einzeln abzustellen; für jeden läuft die Frist gesondert, jeder kann selbst entscheiden, ob er annimmt oder nicht. Ohne Vollmacht kann keiner die anderen vertreten. Denkbar ist also, dass Miterbe A ausdrücklich annimmt, Miterbe B ausschlägt und Miterbe C sich nicht äußert, so dass bei C die Annahme durch Fristablauf fingiert wird.

Der **geschäftsunfähige Betreute** kann die Erbschaft selbst nicht annehmen, wohl aber kann sein Betreuer dies tun (einen ausreichenden Aufgabenkreis vorausgesetzt, §§ 1896, 1902 BGB). Der Betreuer braucht für die Annahme keine Genehmigung des Vormundschaftsgerichts (vgl § 1822 BGB). Dasselbe gilt, wenn Eltern für ihre Kinder handeln (BayObLG FamRZ 1997, 126). Zum Schutz des Minderjährigen bei Schulden vgl § 1629 a BGB.

Die ausdrückliche oder schlüssige Annahme ist als Willenserklärung anfechtbar. Anfechtungsgründe können sich aus §§ 119, 123 BGB (bestimmte Irrtümer; arglistige Täuschung) ergeben.

3. Die Ausschlagung der Erbschaft

a) Form, Frist, Beweggründe

Eine Erbschaft kann man ausgeschlagen, ohne einen Grund dafür angeben zu müssen. Jeder Miterbe kann für sich ausschlagen. Motiv für eine Ausschlagung ist, dass man den Ärger mit dem Nachlass vermeiden will, keine Lust auf eine Gemeinschaft mit bestimmten Miterben hat (so, wenn der Erblasser seine acht Kinder von sechs verschiedenen Müttern als Miterben eingesetzt hat), vor allem aber, weil die Erbschaft überschuldet ist.

Die Ausschlagung ist eine Willenserklärung. Sie kann daher nur von einer geschäftsfähigen Person abgegeben werden, sonst durch den gesetzlichen Vertreter. Das Ausschlagungsrecht ist vererblich (§ 1952 Abs. 1 BGB) und steht jedem Miterben gesondert zu.

Die Ausschlagung erfolgt durch Erklärung gegenüber dem Nachlassgericht (§ 1945 BGB); entweder der Erbe geht zum Nachlassgericht und erklärt die Ausschlagung zu **Protokoll** (gebührenpflichtig, § 112 Abs. 1 Nr. 2 KostO); oder er geht zu einem Notar, lässt seine Unterschrift unter der Ausschlagung beglaubigen und reicht sie innerhalb der Frist beim Nachlassgericht ein. Sehr häufig schlagen in der Praxis Erben aus, indem sie dies mit Brief dem Nachlassgericht mitteilen; das ist wegen mangelnder Unterschriftsbeglaubigung unwirksam; mit Fristablauf gilt dann die Erbschaft als angenommen. Hier hilft nur Anfechtung.

Die **Frist** für die Ausschlagung beträgt sechs Wochen (§ 1944 Abs. 1 BGB; die Frist kann vom Gericht nicht verlängert werden), im Falle des § 1944 Abs. 3 BGB wegen vermuteter Kommunikationsprobleme sechs Monate.

Fristbeginn: bei gesetzlicher Erbfolge ab dem Zeitpunkt, in dem der Erbe vom Anfall der Erbschaft und dem Berufungsgrund (zB gesetzlich oder Testament vom ...) Kenntnis erlangt (also nicht schon mit dem Erbfall). Bei Berufung aufgrund Testament oder Erbvertrag beginnt die Frist ab Kenntnis vom Anfall und vom Berufungsgrund und zusätzlich frühestens mit einer auf den Todesfall folgenden „Verkündung" der Verfügung (§ 1944 BGB). Unter Verkündung ist der in § 2260 Abs. 2 BGB genannte Zeitpunkt (Eröffnung des Testaments durch das Nachlassgericht) zu verstehen. In der Praxis wird häufig vom Nachlassgericht zum Eröffnungstermin niemand geladen (§ 2260 Abs. 2 S. 3 BGB), es wird lediglich ein Protokoll über die Eröffnung erstellt, eine Verkündung (dh ein Vorlesen) unterbleibt. Der BGH (NJW 1991, 169) lässt eine solche „schlichte Eröffnung" für den Fristbeginn nicht ausreichen; verkündet sei erst dann, wenn der Erbe von der Eröffnung Kenntnis erlangt (zB in einer nachfolgenden Erbscheinsverhandlung).

Die Ausschlagung der Erbschaft ist anfechtbar (§ 1954 BGB). Anfechtungsgründe können sich aus §§ 119, 123 BGB (bestimmte Irrtumsfälle, arglistige Täuschung) ergeben.

Beispiel: der Erbe nahm an, im Nachlass gäbe es noch Schulden, schlug deshalb aus; später stellte sich heraus, dass die Schulden längst getilgt waren.

Bei vertretungsberechtigten **Eltern des minderjährigen Kindes** müssen beide die Ausschlagung erklären (§ 1629 Abs. 1 S. 2 BGB); eine Genehmigung des Familiengerichts ist erforderlich (§ 1643 Abs. 2 S. 1; Ausnahme § 1643 Abs. 2 S. 2 BGB). Ein **Betreuer** braucht für die Ausschlagung die Genehmigung des Vormundschaftsgerichts (§ 1822 Nr. 2 BGB). Der Betreuer sollte innerhalb der Sechswochenfrist die Ausschlagung formgerecht erklären und gleichzeitig um Genehmigung nachsuchen sowie die Genehmigung nach Erhalt dem Nachlassgericht nachreichen. Jeweils hemmt die rechtzeitige Beantragung der Genehmigung den Fristablauf (§ 206 BGB).

b) Klärung, ob Überschuldung vorliegt; Gläubigeraufgebot

Es gibt keine Möglichkeit, innerhalb der Sechswochenfrist hundertprozentig zu klären, wie hoch die Schulden sind bzw ob Überschuldung der Erbschaft vorliegt. Wer ganz sicher gehen will muss ausschlagen und darf nichts tun, was als stillschweigende Annahme der Erbschaft gedeutet werden kann. Wer aber die Erbschaft annimmt, hat Möglichkeiten, sein Privatvermögen von der Haftung auszunehmen, so dass er bis auf Kosten und Zeitaufwand aus der Erbschaft nicht gewonnen, aber auch durch den Erbfall nichts verloren hat (S. 81 ff).

Ein sog. **Gläubigeraufgebot** kann helfen, den Schuldenstand zu ermitteln (vgl § 1970 BGB mit §§ 989 bis 1000 und 946 bis 959 ZPO). Die Erben beantragen nach Annahme der Erbschaft beim Amtsgericht, das für das Erbscheinsverfahren zuständig ist (§ 990 ZPO; § 73 FGG), das Aufgebot und fügen ein Verzeichnis der schon bekannten Nachlassgläubiger bei (§ 982 ZPO); es darf noch kein Nachlassinsolvenzverfahren beantragt worden sein. Der Rechtspfleger des Nachlassgerichts erlässt das „Aufgebot", also einen Beschluss, in dem die Gläubiger aufgefordert werden sich zu melden (vgl § 947 ZPO); dies wird öffentlich bekannt gemacht (§ 948 ZPO), aber nicht in der Zeitung, sondern im Internet (verursacht erhebliche Kosten). Meldet sich ein Gläubiger (unwahrscheinlich, weil Privatpersonen in der Regel den elektronischen Bundesanzeiger nicht lesen), dann wird der Erbe informiert. Meist meldet sich niemand. In beiden Fällen wird auf Antrag des Erben später vom Richter ein Urteil erlassen, das die Gläubiger, die sich nicht gemeldet haben, ausschließt (§ 952 Abs. 1 ZPO). Im Urteil werden die Kosten dem Antragsteller auferlegt.

Melden sich anschließend noch Nachlassgläubiger, dann ist zu beachten, dass sie trotz des Ausschlussurteils ihr Gläubigerrechte nicht verloren haben (das Wort „Ausschluss" ist deshalb missverständlich); diese Forderungen sind nur jetzt mit einer Einrede behaftet (§ 1973 Abs. 1 BGB). Ist kein Nachlass mehr vorhanden, ist nichts mehr zu zahlen; ist noch ein restlicher Nachlass vorhanden, können sich die Erben auf die beschränkte Erbenhaftung berufen (§ 1973 Abs. 2 BGB). In beiden Fällen haften die Erben also nicht mit ihrem Eigenvermögen.

Nachlassgläubiger, die ihre Forderung **später als fünf Jahre** nach dem Erbfall dem Erben gegenüber geltend machen, werden auch ohne vorangegangenes Aufgebotsverfahren wie Gläubiger behandelt, die nach §§ 1970 ff BGB ausgeschlossen wurden (§ 1974 BGB; sog Verschweigungseinrede); sie haben ihre Forderung zwar nicht verloren (es sei denn, sie ist verjährt), können sich aber grds nur noch an den Rest des Nachlasses halten.

c) Folgen der Ausschlagung

Wird die Erbschaft ausgeschlagen, so gilt der Anfall an den Ausschlagenden als nicht erfolgt. Die Erbschaft fällt demjenigen an, welcher berufen sein würde, wenn der Ausschlagende zur Zeit des Erbfalls nicht gelebt hätte; der Anfall gilt als mit dem Erbfall erfolgt (§ 1953 Abs. 1, 2 BGB).

Beispiele: (1) E hinterlässt vier Kinder (A, B, C, D) als gesetzliche Erben. Sie sind Miterben zu je ¼. Wenn der kinderlose D ausschlägt, wird so getan, wie wenn er nicht existiert hätte; A, B, C sind daher rückwirkend Miterben zu je ⅓. (2) Wie vor, aber D ist nicht kinderlos, sondern hat zwei Kinder. Er gilt als nicht vorhanden; deshalb fällt der Erbteil des D an seine zwei Kinder (§§ 1924 Abs. 3, 2069 BGB). A, B, C bleiben daher Miterben zu je ¼, die beiden Kinder werden rückwirkend Miterben zu je ⅛. (3) A, B, C und D sind Miterben zu je ¼ (Ober-Erbengemeinschaft). Dann stirbt D und wird von seinen beiden Kindern S und T gesetzlich zu je ½ beerbt. Jetzt ist eine Erbengemeinschaft an einer anderen Erbengemeinschaft beteiligt. Der kinderlose S schlägt die Erbschaft nach seinem Vater D aus. Das ist zulässig (§ 1952 Abs. 3 BGB). Dann wächst der Anteil des S an der Ober-Erbengemeinschaft seiner Schwester T an (Palandt/Edenhofer BGB § 1952 Rz 3; str); diese besteht also nun aus A, B, C und T zu je ¼.

d) Haftung trotz Ausschlagung

Besorgt der (vorläufige) Erbe vor der Ausschlagung erbschaftliche Geschäfte, so ist er demjenigen, welcher Erbe wird, wie ein auftragloser Geschäftsführer berechtigt und verpflichtet (§§ 1959 Abs. 1, 677 ff BGB).

Beispiel: E ist gestorben und A, B und C sind die Erben. Sie durchsuchen die Wohnung, putzen und werfen weg, was ihnen wertlos erscheint (darunter eine Tüte mit wertvollen Billionenmarkscheinen aus der Inflation).

Dann schlagen sie innerhalb de Sechswochenfrist die Erbschaft aus. Das Verhalten der Miterben kann als **stillschweigende Erbschaftsannahme** gedeutet werden; dann können sie nicht mehr ausschlagen, allenfalls die Annahme wegen Irrtums anfechten. Sollte in ihrem Verhalten keine Erbschaftsannahme liegen, dann würden die Miterben dem endgültigen Erben haften, wenn sie wertvolle Sachen weggeworfen haben. Haben sie die Beerdigung bezahlt, können sie Ersatz der Kosten vom endgültigen Erben verlangen.

4. Der Erbschein bei der Erbengemeinschaft

Ein Erbschein kostet Gebühren (§§ 107, 49 KostO). Wenn über das Bankvermögen durch Vollmacht über den Tod hinaus verfügt werden kann ist er nicht notwendig; wenn Grundstücke vorhanden sind und kein notarielles Testament vorliegt ist er erforderlich (vgl § 35 Abs. 2 GBO). Sind beim selben Erbfall mehrere Erben vorhanden, gibt es folgende Möglichkeiten:

- gemeinschaftlicher Erbschein, der alle Miterben erfasst, wird beantragt und erteilt: „Es wird bezeugt, dass E von A, B und C zu je 1/3 beerbt worden ist."
- Einzelne oder alle Erben beantragen jeweils **für sich** einen Teilerbschein: „Teilerbschein. Es wird bezeugt, dass E von A zu 1/3 beerbt worden ist."
- Ein einzelner Miterbe beantragt (in Sonderfällen) einen Teilerbschein über den Anteil eines **anderen** Miterben.

a) Gemeinschaftlicher Erbschein

Die Erteilung eines gemeinschaftlichen Erbscheins durch das Nachlassgericht (das ist eine Abteilung des Amtsgerichts; in Teilen von Baden-Württemberg der Notar). Das setzt voraus:

aa) Antrag

Notwendig ist ein Antrag aller, einiger oder eines einzelnen Miterben (§ 2357 Abs. 1 S. 2 BGB). In der Regel stellen alle Miterben den Erbscheinsantrag. Ein Rechtsanwalt oder Notar muss nicht eingeschaltet werden. Ein Miterbe, der den Antrag allein stellt, braucht keine Vollmacht der anderen Miterben. Ein Miterbe kann ferner einen Teil-Erbschein über seine Quote beantragen (s. unten S. 15). § 2357 BGB betrifft nur Miterben bei einem und demselben Erbfall. Wenn A von B und dann B von C beerbt wird, wird dem C kein „gemeinschaftlicher Erbschein“ ausgestellt, sondern zwei Alleinerbscheine, die aber in einer Urkunde zusammengefasst werden können.

bb) Angabe der Erbquoten

Der (bzw die) Antragsteller muss ferner die begehrten **Erbquoten** (nicht Beträge, Einzelgegenstände) im Antrag angeben, zB dass ein gemeinschaftlicher Erbschein des Inhalts beantragt werde, dass der Erblasser von A zu $1/2$, von B zu $1/4$ und von C zu $1/4$ beerbt worden ist. Die Erbquoten ergeben sich bei gesetzlicher Erbfolge aus dem BGB (§§ 1924ff, 1371 BGB), bei testamentarischer Erbfolge aus dem Testament (jedenfalls durch Auslegung). Das Nachlassgericht ist bei der Antragsformulierung behilflich. Die Miterben können sich nicht verbindlich auf Erbquoten einigen.

Beispiel: Der Antrag lautet zB: Wir beantragen einen gemeinschaftlichen Erbschein, wonach der am … in München verstorbene E … auf Grund Gesetzes wie folgt beerbt worden ist: von A zu $1/2$, von B zu $1/4$, von C zu $1/4$.

cc) Annahme der Erbschaft

Wenn die Miterben einen Erbschein beantragen, nehmen sie dadurch die Erbschaft an. Wenn nur ein Miterbe einen gemeinschaftlichen Erbschein beantragt, dann hat er „anzugeben“, dass die anderen Miterben die Erbschaft angenommen haben (§ 2357 Abs. 3 S. 1 BGB), was auf Verlangen des Gerichts zu belegen ist (§§ 2357 Abs. 3 S. 2, 2356 BGB), etwa durch Bestätigungen der Miterben oder weil für sie die Ausschlagungsfrist abgelaufen ist.

dd) Eidesstattliche Versicherung

Die Miterben müssen in der Regel eidesstattlich versichern, dass ihre Angaben zutreffen (§ 2356 Abs. 2 BGB). Das kann bei einem Notar erfolgen oder durch Erklärung zu Protokoll des Nachlassgerichts (ein Brief an das Gericht genügt hier nicht, anders als beim Erbscheinsantrag). Wenn nur *ein* Miterbe den gemeinschaftlichen Erbschein beantragt, kann sich das Nachlassgericht mit seiner eidesstattlichen Versicherung begnügen und auf die Versicherung der anderen Miterben verzichten (§ 2357 Abs. 3 BGB).

b) Teilerbschein

Ein Teilerbschein ist zulässig (§ 2353 Alt. 2 BGB); er hat im Grundsatz dieselben Voraussetzungen wie ein gemeinschaftlicher Erbschein. Er bezeugt das Erbrecht eines Miterben und nennt die anderen Miterben nicht („Es wird bezeugt, dass E von A zu 1/3 beerbt worden ist"). Teilerbscheine werden beantragt, wenn zB die Annahme durch den anderen Miterben nicht nachgewiesen werden kann, weil er unbekannten Aufenthalts ist und vom Erbfall nichts weis. Ist ein Teilerbschein erteilt und beantragen die anderen Miterben keine Erbscheine über ihre Quoten, weil sie unbekannt sind, kann beantragt werden, für die restliche Erbquote einen Teil-Nachlasspfleger zu bestellen (§ 1960 BGB) und dann kann eine Auseinandersetzung erfolgen.

Beispiel: Der verheiratete kinderlose V stirbt. Da keine Testament vorhanden ist und das Ehepaar im gesetzlichen Güterstand (Zugewinngemeinschaft) lebte, erbt somit die Witwe W 3/4, der Neffe des V 1/4 (§§ 1931, 1371 BGB). Der Neffe kann nicht ausfindig gemacht werden; die Bank weigert sich daher, 3/4 des Guthabens des V an die Witwe auszuzahlen.

Hier muss ein Teil-Nachlasspfleger bestellt werden, der mit der Witwe auseinandersetzt, so dass sie 3/4 erhält; der Anteil des Neffen (1/4) wird beim Gericht für den Neffen uU hinterlegt.

c) Unbekannte Miterben

Es gibt Fälle, in denen die Existenz von Miterben wahrscheinlich ist, diese aber derzeit nicht ausfindig gemacht werden können.

Beispiel: E ist unverheiratet und kinderlos gestorben. Als nächste Angehörige werden zwei Abkömmlinge von Urgroßeltern (A und B) ermittelt; aus Unterlagen ist aber bekannt, dass die Urgroßeltern weitere Abkömmlinge hinterlassen haben, die ein vom Gericht bestellter Nachlasspfleger jedoch bisher nicht finden konnte.

Hier gibt es drei Möglichkeiten: (1) ein Mindestteil-Erbschein (Zimmermann Erbschein Rz 348) wird für A und B erteilt; der für die unbekannten Miterben eingesetzte Nachlasspfleger setzt sich mit A und B auseinander, der auf die unbekannten Erben entfallende Betrag wird beim Gericht hinterlegt. (2) Das Nachlassgericht kann eine öffentliche Aufforderung erlassen, dass sich die unbekannten Miterben melden sollen (§ 2358 Abs. 2 BGB). Nach Fristablauf erhalten A und B einen Erbschein, dass sie Erben zu je $^1/_2$ sind (tauchen die unbekannten Erben aber später auf, wird dieser Erbschein eingezogen). (3) Wenn der Miterbe verschollen ist, kann er für tot erklärt werden; dann erben die anderen Miterben alles.

d) Aufteilung der Erbscheinsgebühren

Der Erbschein kostet Gerichtsgebühren und uU gerichtliche Auslagen (für Zeugen, Sachverständige etc); wer einen Anwalt beauftragt schuldet dem Anwalt ferner Gebühren nach dem RVG. Die gerichtliche Gebühr für den Erbschein nebst dazu (meist) erforderlicher eidesstattlicher Versicherung beträgt 2,0 (§§ 107, 49 KostO), also das doppelte der einfachen Gebühr, und richtet sich nach dem Reinnachlass.

Der Erbschein kostet bei gesetzlicher Erbfolge mindestens:

bei 10.000 € Reinnachlass:	108 € Gebühren;
bei 50.000 € Reinnachlass:	264 € Gebühren;
bei 100.000 € Reinnachlass:	414 € Gebühren;
bei 500.000 € Reinnachlass:	1.644 € Gebühren.

Liegt ein Testament vor und wird es eröffnet, ist die Sache etwas teuerer, weil die Eröffnungsgebühr hinzukommt:

Beispiel:

§ 102 KostO	Eröffnung des Testaments	0,5 Gebühr	Wert 150.000	€ 141,00
§§ 49, 107 KostO	Eidesstattliche Versicherung	1,0 Gebühr	Wert 100.000	€ 207,00
§ 107 KostO	Erbscheinserteilung	1,0 Gebühr	Wert 100.000	€ 207,00
Summe				€ 555,00

Der Nachlasswert wird für die Eröffnungsgebühr nach anderen Kriterien errechnet wie für den Erbschein (vgl §§ 102, 107 KostO; Zimmermann Erbschein Rz 643 ff).

Ist umstritten, ob das Testament echt ist und ob der Erblasser noch testierfähig war, werden vom Nachlassgericht hierzu Gutachten erholt; der Antragsteller hat dann zusätzlich diese Gutachten zu zahlen.

Zur Zahlung der gerichtlichen Gebühren und Auslagen ist der Antragsteller verpflichtet (§ 2 Nr. 1 KostO), beim gemeinschaftlichen Erbschein somit jeder Antragsteller. Jeder haftet als Gesamtschuldner (§ 6 KostO). Kostet der Erbschein 600 € und sind drei Miterben mit jeweils $1/3$ Erbanteil vorhanden, hat das zur Folge, dass das Nachlassgericht der Einfachheit halber einem der drei Miterben die Rechnung über den gesamten Betrag schickt und es ihm überlässt, sich von den Miterben die entsprechenden Anteile (hier: jeweils 200 €) zu holen (Gesamtschuldnerausgleich, § 426 BGB). Nach seinem Ermessen könnte der Kostenbeamte aber auch getrennte Rechnungen versenden (§ 8 Abs. 3 Kostenverfügung), was bei der Beantragung des Erbscheins angeregt werden kann.

III. Erbengemeinschaften mit Besonderheiten

1. Minderjährige Miterben

Hier kommt es darauf an, ob die Miterben „fremde“ Personen sind (Erbengemeinschaft aus dem Kind und zwei Tanten) oder die gesetzlichen Vertreter dabei sind (Erbengemeinschaft aus dem Kind und seiner Mutter) und ob ein Kind oder zwei bzw mehr Kinder Miterben sind. Die **Annahme der Erbschaft** erfolgt durch die Eltern; dazu brauchen sie keine Genehmigung des Gerichts. Auch die **Ausschlagung** müssen beide Eltern (falls vertretungsberechtigt, § 1629 Abs. 1 S. 2 BGB) erklären; sind sie uneins, müsste das Familiengericht angerufen werden (§ 1628 BGB). Eine Genehmigung des Familiengerichts ist aber für die Ausschlagung erforderlich (§ 1643 Abs. 2 S. 1; Ausnahme § 1643 Abs. 2 S. 2 BGB) und muss binnen der Ausschlagungsfrist beantragt werden. Die rechtzeitige Beantragung der Genehmigung hemmt den Fristablauf (§ 206 BGB). Wenn innerhalb der Erbengemeinschaft in Zusammenhang mit der **Verwaltung** (zB an wen eine Wohnung vermietet werden soll) abgestimmt werden muss, wird der minderjährige Miterbe durch seine Eltern vertreten. Wenn die Eltern ebenfalls zur Erbengemeinschaft gehören, kann es sein, dass sie als selbst betroffene Miterben wegen Interessengegensatz von der Abstimmung ausgeschlossen sind (Beispiel: eine gegen einen Miterben bestehende Forderung, die zum Nachlass gehört, soll eingezogen werden; der betroffene Miterbe stimmt dagegen).

Erbteilungsverträge, an denen ein Minderjähriger (aber nicht zugleich der gesetzliche Vertreter) beteiligt ist, bedürfen grundsätzlich keiner Genehmigung des Familiengerichts (§ 1643 Abs. 1, 2 BGB). Wenn bei der Erbteilung die Eltern minderjährige Erben vertreten wollen, kann es bei gegensätzlichen Interessen sein, dass die Eltern von der Vertretung ausgeschlossen sind und vom Familiengericht ein (oder mehrere) Ergänzungspfleger zu bestellen sind

(§§ 1629 Abs. 2; 1795, 1909 BGB). Der Pfleger (Vergütung: § 3 VBVG) ist aus dem Vermögen der Kinder zu vergüten.

Soll ein **Nachlassgrundstück veräußert** werden und sind sowohl die Kinder wie der gesetzliche Vertreter an der Erbengemeinschaft beteiligt, ist in der Regel ein Ergänzungspfleger für die Kinder erforderlich (Sonnenfeld NotBZ 2001, 322).

Beispiel: der Großvater hat seinen Sohn S als Erben zu ½ eingesetzt und seine beiden minderjährigen Enkel als Erben zu je ¼. Der S will das Nachlassgrundstück (im eigenen Namen und als Vertreter seiner Kinder) zu einem billigen Preis an seine zweite Ehefrau veräußern.

2. Miterben unter Betreuung

a) Grundlagen

Stirbt E und hinterlässt drei Erben, von denen einer unter vom Vormundschaftsgericht angeordneter Betreuung steht (§ 1896 BGB), dann ist zu beachten, dass die Anordnung der Betreuung eine noch vorhandene Geschäftsfähigkeit nicht beseitigt hat. Es gibt also geschäftsfähige und geschäftsunfähige Betreute. Der geschäftsfähige Betreute kann eine Erbschaft wirksam selbst annehmen und selbst ausschlagen. Der geschäftsunfähige Betreute dagegen muss bei diesen Willenserklärungen durch seinen Betreuer vertreten werden (§ 1902 BGB); dieser Betreuer muss einen ausreichenden Aufgabenkreis vom Gericht zugewiesen bekommen haben (zB „Vermögenssorge"; ungenügend: „Gesundheitssorge").

b) Annahme der Erbschaft

Für die Annahme der Erbschaft braucht der Betreuer keine Genehmigung des Vormundschaftsgerichts. Der Betreuer kann (als gesetzlicher Vertreter des Betreuten) einen gemeinschaftlichen Erbschein beantragen, er kann für den Betreuten die erforderliche eidesstattliche Versicherung (S. 14) abgeben. Das durch Erbschaft angefallene Vermögen ist in das Vermögensverzeichnis aufzunehmen (§§ 1908i, 1802 BGB), das der Betreuer dem Vormundschaftsgericht einzureichen hat.

c) Erforderliche Genehmigungen

Viele Handlungen sind genehmigungsfrei, etwa die gewöhnliche Nachlassverwaltung, der Verkauf beweglichen Nachlasses, Wohnungsräumung. Der Betreuer braucht eine Genehmigung des Vormundschaftsgerichts (u.a.) für folgende Erklärungen namens des Betreuten:

(1) Rechtsgeschäft, durch das Betreute zu einer Verfügung über eine ihm angefallene Erbschaft verpflichtet wird (§§ 1908i Abs. 1, 1822 Nr. 1 BGB); also die Verpflichtung zur Übertragung, Veräußerung, Nießbrauchsbestellung usw.

(2) Verfügung über den Anteil des Betreuten an einer Erbschaft (§§ 1908i Abs. 1, 1822 Nr. 1 BGB), etwa wenn der Erbanteil des Betreuten an einen Miterben veräußert und übertragen wird.

(3) Ausschlagung einer Erbschaft (bzw des Miterbenanteils an einer Erbschaft, § 1922 Abs. 2 BGB) oder eines Vermächtnisses (§§ 1908i Abs. 1, 1822 Nr. 2 BGB). Eine Genehmigung wird zB erteilt, wenn die Erbschaft überschuldet ist. Die Ausschlagung ist nicht genehmigungsfähig, wenn dadurch der Zugriff des Sozialhilfeträgers verhindert werden soll (OLG Stuttgart NJW 2001, 3484).

(4) Erbteilungsvertrag (§§ 1908i Abs. 1, 1822 Nr. 2 BGB). Besteht die Erbengemeinschaft aus dem Betreuten und zwei anderen Personen zu je 1/3 und einigt sich der Betreuer mit den Miterben dahin, dass der Betreute die Wohnungseinrichtung erhält, die Miterben je 5.000 €, ist das also genehmigungspflichtig. Kommt es zu keiner gütlichen Einigung, muss eine Erbteilungsklage (§ 2042 BGB) erhoben werden; sie bedarf keiner Genehmigung.

(5) Kreditaufnahme (§ 1822 Nr. 8 BGB).

d) Betreuer und Betreuter sind Mitglieder der Erbengemeinschaft

Der Betreuer kann die Erbschaft des Betreuten nicht ausschlagen, wenn er zugleich Miterbe ist oder sonst aus der Ausschlagung

Vorteile ziehen könnte, weil dann ein Interessengegensatz vorliegt (§§ 1908i, 1795, 181 BGB). In diesen Fällen ist vom Vormundschaftsgericht ein zweiter Betreuer (Ergänzungsbetreuer) zu bestellen, der dann ggf die Erbschaft ausschlägt.

Beispiel: Der vermögende E ist (ohne Testament) gestorben und hinterlässt drei Kinder A, B, C. Der A ist kinderlos und geistig behindert, sein Bruder B ist zu seinem Betreuer bestellt worden. Würde B die Erbschaft des A ausschlagen können, würde sich seine Erbquote von $1/3$ auf $1/2$ erhöhen, er würde also einen Vorteil aus der Ausschlagung ziehen.

Ebenso kann der Betreuer den Betreuten nicht bei der Erbauseinandersetzung vertreten, weil die Gefahr besteht, dass er seinen eigenen Interessen den Vorzug gibt (der Betreute erhält bei der Erbaufteilung die wurmstichige Kommode zugeteilt, der Betreuer die wertvolle Goldmünzensammlung, der dritte Miterbe den neuen Mercedes).

3. Erbengemeinschaft und Testamentsvollstreckung

a) Alle Erbteile stehen unter Testamentsvollstreckung

Die Aufgaben des Testamentsvollstreckers ergeben sich aus dem Wortlaut des Testaments, durch das er ernannt wurde. Im Regelfall hat er die Aufgabe, den Nachlass zu verwalten (§ 2205 BGB) und unter den Miterben auseinander zu setzen (§ 2204 BGB). Die Teilung erfolgt nach den Teilungsanordnungen des Erblassers und, wenn solche fehlen, nach den gesetzlichen Regeln (S. 132); zuerst sind die Schulden zu bezahlen (§ 2046 BGB). Ausgleichungen sind zu berücksichtigen (S. 113). An Weisungen der Erben ist er bei der Auseinandersetzung nicht gebunden. Eine Genehmigung des Nachlassgerichts braucht der Testamentsvollstrecker nicht. Er kann einer Einigung aller Miterben über die Modalitäten der Teilung zustimmen, falls sie nicht den Anordnungen des Erblassers widerspricht. Hat der Erblasser die Auseinandersetzung verboten, zB für 30 Jahre, kann sich der Testamentsvollstrecker in Übereinstimmung mit allen Miterben darüber hinwegsetzen (BGHZ 40,

115; 56, 275); letztlich sind also die Anordnungen des Erblasser nicht hundertprozentig geschützt.

b) Nur einzelne Erbteile stehen unter Testamentsvollstreckung

In diesem Falle (Beispiel: drei Miterben A, B, C; nur über den Erbanteil des behinderten C zu $1/3$ wird Testamentsvollstreckung angeordnet) nimmt der Testamentsvollstrecker nur die Rechte des von ihm „vertretenen" Miterben wahr; er kann also den Nachlass nicht allein verwalten und auch nicht allein auseinandersetzen. Er kann Auseinandersetzung von den anderen Miterben fordern (soweit dies der Erblasser nicht ausgeschlossen hat) und Begleichung von Forderungen an die Erbengemeinschaft (vgl § 2039 BGB).

4. Erbengemeinschaft und Nachlasspflegschaft

a) Ermittlung einzelner Erben durch Nachlasspfleger

Nachlasspflegschaft wird vom Nachlassgericht angeordnet, wenn der Erbe unbekannt ist und ein Bedürfnis für die Sicherung des Nachlasses besteht (§§ 1960, 1961 BGB); der Nachlasspfleger verwaltet dann den Nachlass und ermittelt die Erben. Liegen diese Voraussetzungen für den **ganzen Nachlass** vor, wird die Pflegschaft für den ganzen Nachlass angeordnet. Werden im Laufe des Verfahrens vom Nachlasspfleger bzw vom Nachlassgericht einzelne (aber noch nicht alle) Miterben ermittelt, endet die Pflegschaft nicht teilweise automatisch mit dem Auftauchen von Miterben und der Erbschaftsannahme durch sie. Sie schrumpft also nicht von sich aus auf die restlichen Erbanteile. Nach §§ 1960, 1962, 1919 BGB ist die Nachlasspflegschaft jedoch vom Nachlassgericht (teilweise) aufzuheben, wenn der Grund für die Anordnung (ganz oder teilweise) weggefallen ist. Geschieht dies nicht, bleibt es bei der umfassenden Vertretungsmacht des Nachlasspflegers; die aufgetauchten Miterben müssten beim Nachlassgericht Beschwerde gegen die Ablehnung der Teilaufhebung der Pflegschaft einlegen

(§ 19 FGG), worüber das Landgericht entscheiden würde. Das Auftauchen eines Erben allein genügt aber noch nicht; er muss die Erbschaft auch angenommen haben.

Hat der Nachlasspfleger zB von den Abkommen der Urgroßeltern des Erblassers drei Miterben ermittelt (mit je mindestens $^1/_{12}$ Erbanteil) und hebt das Nachlassgericht die Pflegschaft insoweit auf, besteht sie nur noch für die restlichen $^3/_4$. Der Pfleger vertritt in der nun existent geworden Erbengemeinschaft nur noch $^3/_4$, sein Aufgabenkreis ist geschrumpft. Bei jeder Verwaltungshandlung müssen nun mitwirken: die drei bekannten Miterben und der Teil-Nachlasspfleger. Er hat kein Allein-Verwaltungsrecht mehr; die bekannten Miterben können ihm aber Vollmacht erteilen.

b) Erbengemeinschaften mit Teil-Nachlasspflegern

Denkbar ist, dass die Nachlasspflegschaft von vornherein vom Nachlassgericht nur für eine Erbquote angeordnet wird. Beispiel: Der verwitwete Erblasser hinterlässt zwei Töchter (A, B) aus verschiedenen Ehen; A hat die Erbschaft angenommen, während B schon vor dem Erbfall unbekannten Aufenthalts war, so dass eine Fiktion der Annahme der Erbschaft ausscheidet (§ 1943 BGB). Es kann nur eine Teil-Pflegschaft für den $^1/_2$-Anteil der B angeordnet werden.

Die Zulässigkeit einer Teil-Nachlasspflegschaft folgt aus § 1922 Abs. 2 BGB. Die Teilpflegschaft kann angeordnet werden, damit der Nachlasspfleger (1) die unbekannten Mit-Erben ermittelt und/oder (2) damit der Nachlassteil gesichert und verwaltet wird. Auch in diesen Fällen hat der Teil-Nachlasspfleger kein Alleinverwaltungsrecht; er kann nur zusammen mit den bekannten Miterben handeln.

5. Mehrere Vorerben bzw. Nacherben

Ein Erblasser kann einen Erben in der Weise einsetzen, dass dieser erst Erbe wird, nachdem zunächst ein anderer Erbe geworden ist (§ 2100 BGB).

Beispiel: Das Testament des E lautet: Meine Alleinerbin soll meine Frau Frieda werden; nach ihrem Tod soll mein Vermögen auf meine Kinder A, B und C zu je $1/3$ übergehen. Dann wird F Vorerbin und ist deshalb in der Verfügung über den Nachlass im Rahmen von §§ 2100ff BGB beschränkt (sie kann zB nichts Wesentliches verschenken; §§ 2113 Abs. 2, 2136 BGB). Wenn F gestorben ist, erben die drei Kinder (bei gesetzlicher Erbfolge) das Privatvermögen der Mutter von dieser und den Nachlass des Vaters vom Vater (nicht von der Mutter! die Mutter war nur Vorerbin).

Mehrere Vorerben bilden eine Erbengemeinschaft, die sich im Rahmen von §§ 2042ff BGB jederzeit auseinandersetzen kann; sofern hierzu Verfügungen erforderlich sind (etwa wenn Grundstücke untereinander aufgeteilt werden), die an sich wegen §§ 2113, 2114 BGB einer Zustimmung der Nacherben bedürften, sind die Nacherben zu dieser Zustimmung verpflichtet (§ 2120 BGB). Mehrere Nacherben (wie im Beispiel) bilden vor dem Tod des Vorerben keine Erbengemeinschaft, sondern erst ab dem Tod (bzw dem sonstigen Eintritt der Nacherbschaft). Die Ausübung der Rechte der Nacherben vor dem Nacherbfall unterliegt also nicht den Mehrheitsverwaltungsregeln der Erbengemeinschaft.

Beispiel: im obigen Beispiel verlangt der Mitnacherbe A, dass die Vorerbin das Nachlassverzeichnis durch einen Notar aufnehmen lässt (§ 2121 Abs. 3 BGB) und dass der Zustand des Nachlasshauses durch einen Sachverständigen festgestellt wird (§ 2122 S. 2 BGB). Die Mitnacherben B und C sind dagegen; das spielt keine Rolle.

IV. Rechtsnatur und Weiterentwicklung der Erbengemeinschaft

1. Rechtsnatur der Erbengemeinschaft

a) Allgemeines

Die Erbengemeinschaft ist keine juristische Person und auch nach sonstigen Regeln nicht rechtsfähig (BGH FamRZ 2004, 1193, 1994). Sie ist im BGB nicht als Bruchteilsgemeinschaft (§ 741 BGB) ausgestaltet, sondern als Gesamthandsgemeinschaft (andere Gesamthandsgemeinschaften sind: Gesellschaft, § 718 BGB; eheliche Gütergemeinschaft, § 1416 BGB). Sie hat keinen „Geschäftsführer" oder sonstigen Vertreter. Ein Gerichtsurteil oder ein Mietvertrag dürfen daher nicht lauten auf die „Erbengemeinschaft nach Max Meiser, vertreten durch ..."; richtig ist: „Karl Meiser, Elke Meiser, Walter Meiser", evtl mit dem Zusatz „in Erbengemeinschaft". Richtet sich eine Klage gegen die drei Miterben, kann jeder einen anderen Rechtsanwalt beauftragen; die drei können aber auch denselben Anwalt mandatieren.

Beispiel: Erwerben A und B ein Grundstück, sind sie Miteigentümer zu $^1/_2$; erben sie das Grundstück von der Mutter bilden sie eine Erbengemeinschaft mit Beteiligung zu je $^1/_2$. Das ist bedeutsam, weil diese Rechtsverhältnisse im BGB verschieden geregelt sind.

Der Nachlass geht ungeteilt auf die Erbengemeinschaft über. Gehört zum Nachlass ein Bankguthaben von 10.000 €, dann erlangen die 4 Miterben (zu je $^1/_4$) nicht etwa je eine Forderung von 2.500 € gegen die Bank, sondern die gesamte Forderung von 10.000 € steht der Erbengemeinschaft zu (und erst durch Auseinandersetzung kommt jeder zu 2.500 €). Der Erblasser hat wegen § 1922 BGB grundsätzlich keine Möglichkeit, einen einzelnen Miterben zum dinglichen Rechtsnachfolger eines Einzelgegenstandes ab dem Erbfall zu machen.

Beispiel: E testiert: „Erben sollen meine Kinder A, B, C sein zu je 1/3; A soll das Grundstück ... erhalten." Dann fällt das Haus gleichwohl an die Erbengemeinschaft; der A hat nur einen schuldrechtlichen Anspruch gegen die Erbengemeinschaft (Vorausvermächtnis, § 2150; oder Teilungsanordnung, § 2148 BGB) auf Übereignung des Grundstücks.

b) Grundbuch

Ist der Erblasser im Grundbuch als Eigentümer eines Grundstücks eingetragen, dann wird das Grundbuch mit seinem Tod unrichtig. Richtig wird es erst, wenn die Erben im Grundbuch eingetragen sind. Der Nachweis, wer Erbe ist, erfolgt gegenüber dem Grundbuchamt durch Vorlage eines Erbscheins oder des notariellen Testaments nebst Eröffnungsniederschrift des Nachlassgerichts (§ 35 GBO). Den Antrag, das Grundbuch zu berichtigen und die Miterben A, B, C in Erbengemeinschaft einzutragen, kann jeder Miterbe allein stellen (oder alle Miterben gemeinsam; § 13 GBO); es genügt ein Brief an das Grundbuchamt mit Unterschrift, eine notarielle Beglaubigung der Unterschrift der Miterben ist überflüssig, auch besteht kein Anwaltszwang. Es ist der Erbschein im Original oder in amtlicher Ausfertigung vorzulegen und anzugeben, bei welchen Grundstücken (Grundbuch von ... Blatt ...) eine Berichtigung erfolgen soll. Wenn aber Nachlassgericht und Grundbuchamt beim selben Amtsgericht sind, muss kein Erbschein dem Antrag beigefügt werden; es genügt die Bezugnahme auf die Akten des Nachlassgerichts (BGH NJW 1982, 170), weil sich darin die Urschrift des Erbscheins befindet (das Aktenzeichen des Nachlassgerichts – zB VI 23/07 – sollte angegeben werden). Da es in Deutschland kein Zentral-Grundbuch gibt, muss der Antrag an mehrere Grundbuchämter gesandt werden, wenn der Erblasser weit verstreut Grundstücke besaß. In der Praxis werden die Erben bei der Nachlassverhandlung vom Rechtspfleger gefragt, wo überall der Erblasser Grundstücke hatte (schon wegen der Berechnung der Gebühren für den Erbschein) und es wird der Antrag „Wir beantragen die Berichtung des Grundbuchs allerorten" ins Protokoll aufgenommen; dann entfällt ein gesonderter Grundbuchberichtigungsantrag. Die Miterben werden als solche im Grundbuch eingetragen: **„A, B, und C in Erbengemeinschaft"** (vgl § 47 GBO).

Nicht eingetragen wird das Anteilsverhältnis (also nicht: „A, B und C … als Miterben zu je 1/3“). Das Anteilsverhältnis ergibt sich aber aus dem Erbschein, der in Kopie in den Grundakten liegt. Wenn der Grundbuchberichtigungsantrag binnen zwei Jahren ab dem Erbfall beim Grundbuchamt eingeht ist die Grundbuchberichtigung gerichtsgebührenfrei (§ 60 Abs. 4 KostO). Bei einem späteren Antrag fallen Gebühren je nach der Höhe des Verkehrswerts an (§ 60 Abs. 1 KostO); bei 100.000 € Verkehrswert zB 207 €. Ist die Eintragung erfolgt, erhalten die Erben eine Benachrichtigung des Grundbuchamts (drauf sollten die Erben nicht verzichten, weil die Nachricht nichts kostet und Aufschluss über einen evtl. Eintragungsfehler gibt).

Seinen Anteil am Grundstück des Erblassers kann ein Miterbe nicht veräußern (§ 2033 Abs. 2 BGB), wohl aber seinen ideellen Anteil an der Erbengemeinschaft (§ 2033 Abs. 1 BGB). Veräußert ein Miterbe seinen Anteil an der Erbengemeinschaft an einen Außenstehenden, wird das Grundbuch unrichtig (§ 894 BGB), weil er nicht mehr Mitglied der Erbengemeinschaft ist. Der Anteilserwerber ist nun als Mitglied der Gesamthand einzutragen. Eine Auflassung ist nicht erforderlich, weil nicht der Anteil am Grundstück, sondern an der Erbengemeinschaft übertragen wird.

c) Prozesse

Die Erbengemeinschaft ist nicht rechtsfähig (S. 25) und daher auch nicht parteifähig (§ 50 Abs. 1 ZPO). Auch wenn sie längere Zeit besteht und in dieser Zeit den Nachlass nutzt (zB Mieteinnahmen bezieht) wird sie nicht zur BGB-Gesellschaft. Geht ein Handelsgeschäft auf Miterben über, entsteht nicht sofort und automatisch eine OHG (dazu muss ein Gesellschaftsvertrag geschlossen werden). Klagen kann deshalb nicht „die Erbengemeinschaft“, sondern nur die Miterben A, B, C; ebenso ist es, wenn die Erben verklagt werden sollen. Eine Kündigung sprechen die Miterben A, B, C aus, nicht „die Erbengemeinschaft“. Vertritt ein Anwalt eine „Erbengemeinschaft“, vertritt er in Wirklichkeit die „Miterben“ und erhält somit den Zuschlag für Vertretung mehrerer Auftraggeber, RVG VV 1008 (BGH FamRZ 2004, 1193); wenn die

Erbengemeinschaft eine juristische Person wäre, würde der Zuschlag entfallen. Klagen fünf Miterben (von denen einer im Ausland wohnt) vor dem Amtsgericht eine Forderung gegen B ein und wird die Klage abgewiesen, geht die Berufung wegen des Auslandsbezugs zum OLG (§ 119 Abs. 1 Nr. 1b GVG), nicht zum LG (BGH NJW 2003, 2686).

d) Zwangsvollstreckung in einen Miterbenanteil

Der ideelle Miterbenanteil ist übertragbar (§ 2032 BGB), also auch pfändbar. Ein Gläubiger eines Miterben kann beim Vollstreckungsgericht einen Pfändungs- und Überweisungsbeschluss beantragen (§§ 857, 859 Abs. 2, 829, 835 ZPO); „Drittschuldner" sind die anderen Miterben, so dass der Beschluss allen anderen Miterben zuzustellen ist. Dadurch wird der Gläubiger aber nicht Miterbe; er hat nur dessen vermögensrechtliche Stellung und kann daher die Auseinandersetzung verlangen (§ 2042 Abs. 1 BGB), auch wenn der Erblasser die Auseinandersetzung ausschloss (§ 2044 BGB); erfolgt sie nicht freiwillig kann der Gläubiger auf Zustimmung zu einem bestimmten Auseinandersetzungsplan klagen (§§ 2042 Abs. 1, 749ff BGB). An den zugeteilten Gegenständen bzw dem Guthaben setzt sich das Pfandrecht fort.

e) Insolvenzverfahren gegen einen Miterben

aa) Grundlagen

Ein Miterbe hat (vor Teilung des Nachlasses) zwei verschiedene Vermögensmassen: sein Eigenvermögen (das er schon vor dem Erbfall besaß) und seinen Miterbenanteil. Will ein Gläubiger dieses Miterben (also nicht ein Nachlassgläubiger, sondern ein sog. Eigengläubiger) ein Insolvenzverfahren gegen diesen Miterben durchführen und kommt es auf Antrag des Gläubigers zur Eröffnung des Insolvenzverfahrens, dann fällt der Anteil dieses Miterben in die Insolvenzmasse (vgl §§ 35, 36 InsO). Der Insolvenzverwalter verwaltet diesen Erbanteil, indem er die Auseinandersetzung der Erbengemeinschaft betreibt (§§ 2042ff BGB; § 84 Abs. 1 S. 1 InsO). Entfallen auf den insolventen Miterben bei der Teilung zB 5.000 €, fließt dieser Betrag in die Insolvenzmasse. Wenn der Insolvenzverwalter den Erbanteil verkauft, haben die Miterben kein Vorkaufsrecht (§§ 2034, 471 BGB).

bb) Keine Insolvenzfähigkeit der Erbengemeinschaft

Die „Erbengemeinschaft" als solche ist nicht insolvenzfähig; das Insolvenzverfahren findet über den „Nachlass" statt (§ 315 InsO), wenn er überschuldet ist und ein Insolvenzantrag gestellt wird. Alle oder einzelne Miterben können den Insolvenzantrag stellen (§ 317 Abs. 2 InsO).

2. Anwaltliche Vertretung von Miterben

Wenn sich ein Miterbe bei einem Anwalt beraten oder vertreten lässt, fallen Anwaltsgebühren an, die sich nach dem RVG richten (dh nach dem Gegenstandswert, soweit nicht für eine bloße Beratung etwas anderes vereinbart ist; § 34 RVG). Manchmal wollen sich mehrere Miterben vom selben Anwalt beraten und vertreten lassen, weil sie glauben, dadurch Geld für einen zweiten Anwalt zu sparen. Das stimmt nur zum Teil: denn der Anwalt kann für den zweiten, dritten usw Miterben jeweils eine **Erhöhungsgebühr** von 0,3 verlangen (RVG VV 1008; BGH FamRZ 2004, 1193). Gehen die drei Miterben zu drei verschiedenen Anwälten und fallen also drei mal 1,0 Gebühr an, dann entstehen nur 1,6 Gebühren, wenn sich A, B und C an den selben Anwalt wenden. Erkennt der Anwalt später einen unüberwindbaren Interessenwiderstreit und legt das Mandat deshalb nieder, müssen die Miterben andere Anwälte beauftragen, aber dem bisherigen Anwalt trotzdem (zumindest einen Teil seiner) Gebühren zahlen.

Berät (oder vertritt) ein Anwalt zwei oder mehr Miterben, stellt sich die Frage, ob nicht ein Parteiverrat oder eine **Vertretung widerstreitender Interessen** vorliegt (§ 356 Abs. 1 StGB; § 43a Abs. 4 BRAO). Letztlich hängt das vom Einzelfall ab und ist umstritten (vgl Offermann/Burckardt ZEV 2007, 151). Bei der Auseinandersetzung werden die Interessen oft gegensätzlich sein; denn zwangsläufig will jeder Miterbe einen möglichst großen Teil des Nachlasses an sich ziehen; da kann nicht der Miterbe und sein Gegner vom selben Anwalt beraten werden. Ein Einverständnis der Miterben hilft in der Regel nicht, weil die Miterben die Problematik in den Feinheiten nicht überblicken können, selbst wenn sie „aufgeklärt“ werden.

Beispiel: E ist gestorben und hinterlässt seine 90-jährige Witwe (Miterbin zu $1/2$) und drei Kinder im Alter zwischen 50 und 60 Jahren (Miterben zu je $1/6$). Die Witwe bezieht eine hohe Rente und will bis zum Tod im Nachlasshaus wohnen bleiben; ein Kind ist notleidender Künstler, braucht dringend Geld und will das Haus baldmöglichst versteigern lassen. Widerstreitende Interessen: denn (zB): wie viel Nutzungsentschädigung muss die Witwe für das Wohnen zahlen? Kann eventuell aus dem Testament ein stillschweigendes Teilungsverbot herausgelesen werden?

Liegen keine widerstreitenden Interessen vor wird in der Regel eine Vertretung durch denselben Anwalt möglich sein.

Beispiele: (1) Zum Nachlass gehört ein Sparguthaben in Österreich. Die Miterben beauftragen den Anwalt, für sie die nötigen Schritte beim österreichischen Gericht und der dortigen Bank einzuleiten, damit das Guthaben nach Deutschland fließt. (2) Die Miterben beauftragen den Anwalt, für sie die Erbschaftsteuererklärung zu erstellen.

3. Ersatzstücke des Nachlassvermögens

Bestimmte Ersatzstücke von Nachlassgegenständen gehören zum Nachlass (sog. dingliche **Surrogation**); § 2041 BGB. Der Erwerb vollzieht sich unmittelbar, ohne Durchgangserwerb eines Miterben, ohne besonderes Übertragungsgeschäft gegenüber der Erbengemeinschaft, auch gegen den Willen des **einzelnen handelnden Miterben.**

a) Fallgruppen

(1) **Rechtssurrogation:** alles, was auf Grund eines zum Nachlass gehörenden Rechts erworben wird, gehört zum Nachlass (§ 2041 BGB).

Beispiel: Die Mieteinnahmen aus dem Haus, das der Erblasser vermietete, sind für die Zeit nach dem Erbfall Surrogate (Ersatzstücke) der Mietforderung.

(2) **Ersatzsurrogation:** alles, was als Ersatz für die Zerstörung, Beschädigung oder Entziehung eines Nachlassgegenstandes erworben wird, gehört zum Nachlass.

Beispiel: Ein zum Nachlass gehörendes Auto wird gestohlen; die Versicherung zahlt die Versicherungssumme; sie fällt in den Nachlass (und ist also dem Zugriff von Nachlassgläubigern ausgesetzt). Wird vom Geld ein neues Auto gekauft, fällt das Eigentum am Auto in den Nachlass.

(3) **Beziehungssurrogation:** alles, durch ein Rechtsgeschäft erworben wird, das sich auf den Nachlass bezieht, gehört zum Nachlass. Einzelheiten sind umstritten. Meines Erachtens gilt: Was mit Nachlassmitteln erworben wurde, fällt in den Nachlass (sog. Mittelsurrogation), auch gegen den Willen des einzelnen Miterben, der gehandelt hat (Palandt/Edenhofer § 2041 Rz 2). Was mit nachlassfremden Mitteln (Eigenvermögen der Erben) erworben wurde, fällt nicht in den Nachlass, weil diese geschlossen Sondervermögensmasse „Nachlass" nicht beliebig erweitert werden kann.

Beispiel: Die Erben schließen einen Mietvertrag über das bisher leerstehende Nachlasshaus. Die Mieteinnahmen fallen in den Nachlass (BGH NJW 1968, 1824).

b) Gutgläubige Kontrahenten

Sie werden im Rahmen von §§ 929, 935 BGB geschützt. Der Schutz gutgläubiger Schuldner ist durch § 2041 S. 2 in Verb. mit § 2019 Abs. 2 BGB gewährleistet.

Beispiel: Die Miterben vertauschen am 5. 7. eine zum Nachlass gehörige Eigentumswohnung gegen eine andere Wohnung (Mieter M). Wenn M davon erst Ende September erfährt, konnte er die Mieten für August und September noch befreiend an den bisherigen Vermieter leisten, muss also nicht doppelt zahlen.

V. Die Verwaltung des Nachlasses

1. Vereinbarungen zwischen allen Miterben

Eine Erbengemeinschaft ist nach der Vorstellung des Gesetzgebers eine auf schnelle Abwicklung ausgerichtete Gemeinschaft. In Wirklichkeit gibt es viele Erbengemeinschaften, die Jahrzehnte lang bestehen. Eine Erbengemeinschaft hat keinen Vorstand oder Geschäftsführer, keinen Aufsichtsrat, keine Satzung usw. Die gesetzlichen Regeln sind umständlich und ermöglichen kaum ein schnelles Handeln.

Davon kann abgewichen werden:

a) Vertragliche Regelung

Die Miterben können das Rechtsverhältnis untereinander durch Vertrag anders als nach §§ 2038, 2040 BGB regeln. Sie können zB einem oder mehreren Miterben Vollmacht erteilen, den Nachlass (zB ein Mietshaus, ein Wertpapierdepot) zu verwalten; sie können Nutzungsvereinbarungen treffen (Miterbe A bewohnt die Nachlasswohnung und zahlt dafür monatlich ... €). In der Praxis ist eine längere Verwaltung ohne eine solche Bevollmächtigung kaum durchführbar. Besteht die **Erbengemeinschaft nur aus zwei Personen,** die mit je 1/2 beteiligt sind, gibt es keine „Mehrheit", weil keiner 51% hält; kommt keine Einstimmigkeit zustande, muss wegen Kleinigkeiten prozessiert werden (schon der Überweisungsauftrag an die Bank, durch den das Friedhofsamt bezahlt werden soll, braucht die Unterschrift beider Miterben, wenn nicht einer dem anderen Bankvollmacht eingeräumt hat). Am einfachsten und billigsten kann eine laufende Information aller Miterben über die Konten dadurch erreicht werden, dass alle Miterben über Internet Einblick in die Kontobewegungen des Nachlasskontos erhalten, aber nur ein Miterbe Kontovollmacht hat und also Überweisungen ausführt. **Verwaltungs- und Benutzungsvereinbarungen** gehen auf Sondernachfolger (zB Erben des Miterben, Erbteilserwerber) über, §§ 2038 Abs. 2, 746 BGB.

b) Bestellung eines Verwalters

Die Miterben können auch einen „Nachlassverwalter" bestellen (das ist aber kein vom Gericht bestellter Nachlassverwalter im Sinne von § 1981 BGB); es genügt eine Mehrheitsentscheidung der Miterben (BGH NJW 1983, 449). Dieser Verwalter kann ein Miterbe sein; oder eine fremde Personen („Fremdverwalter"). In Frage kommt auch, dass nur ein Teil des Nachlasses, zB das Mietshaus, von einem solchen Verwalter (Hausverwalter) verwaltet wird. Zu diesem Zweck wird dem Verwalter eine Vollmacht erteilt und es wird mit ihm ein Geschäftsbesorgungsvertrag geschlossen, der die Rechte und Pflichten des Verwalters regelt, zB seine Vergütung, Kündigungsfristen, Information der Miterbe, Abrechnungspflichten usw. Über die Vergütung des Verwalters gibt es keine amtlichen Tabellen.

2. Die Verwaltung des Nachlasses

a) Verwaltungsmaßnahmen

Darunter fallen sind zB Vermietung von Grundstücken, Einziehung der Miete, Reparaturen, Fortführung eines Geschäfts, Kapitalanlagen, Kündigung von Rechtsverhältnissen, Begleichung von Nachlassschulden. Nutzen die Miterben ein früheres Nachlasskonto in der Folgezeit für die Abwicklung des Zahlungsverkehrs bezüglich eines vermieteten gemeinsamen Mehrfamilienhauses, dann sind die mit dem Giroverhältnis verbundenen Rechte und Pflichten nicht mehr dem Nachlass zuzuordnen (BGH FamRZ 2000, 754); die Miterben treten in eine eigene persönliche Rechtsbeziehung zur Bank (was Haftungsfolgen hat).

Verwaltung des Nachlasses (§ 2038 BGB) umfasst sowohl das Innenverhältnis der Miterben (zB Beschluss, das Nachlassgrundstück zu veräußern) wie das Außenverhältnis (zB Durchführung des Beschlusses durch Kaufvertrag und Übereignung). Wenn

Verfügungen zugleich Verwaltungsmaßnahmen sind, sind § 2038 und § 2040 BGB einschlägig: Für das Innenverhältnis der Miterben gilt dann die Kompetenzregelung in § 2038 BGB (Mehrheit, oder Einstimmigkeit oder ein Miterbe allein entscheidet); für das Außenverhältnis ist § 2040 BGB einschlägig (s. unten „Verfügung“; S. 53 ff).

Man unterscheidet:

(1) „ordnungsmäßige“ Verwaltung, die besser als **laufende Verwaltung** bezeichnet werden sollte; denn auch eine schlampige Verwaltung (zB Verpachtung zu einem schlechten Preis; Bezahlung mangelhafter Reparaturen) ist eine „ordnungsmäßige“ und keine außerordentliche Verwaltung; der schlampige Verwalter haftet aber den Miterben.

(2) „nicht ordnungsmäßige“ Verwaltung, besser als **außerordentliche Verwaltung** zu bezeichnen. Sie betrifft zB eine „wesentliche Veränderung des Gegenstandes.“

Je nach der Art der Maßnahme müssen im Innenverhältnis die Erben einstimmig handeln oder es genügt die Mehrheit oder einer allein kann handeln:

Außerordentliche Verwaltungsmaßnahmen; Verfügungen (unten b)	Maßnahmen der ordnungsmäßigen (= laufenden) Verwaltung (unten c)	Notwendige Erhaltungsmaßnahmen (Notverwaltung); Einziehung einer Forderung; unten d.
Einstimmigkeit erforderlich	Anteilsmehrheit genügt	Kann jeder Miterbe selbst treffen
§ 2038 Abs. 1 S. 1; § 2040 Abs. 1 BGB	§ 2038 Abs. 2 S. 1, 745 Abs. 1 BGB	§ 2038 Abs. 1 S. 2 Nr. 2; § 2039 BGB

b) Fälle, in denen Einstimmigkeit erforderlich ist

Das Prinzip der gemeinschaftlichen Verwaltung gilt nicht für die „ordnungsmäßige“ Verwaltung (hier entscheidet die Mehrheit), sondern nur für die „nicht ordnungsmäßige“ Verwaltung. Dies wird der Verweisung des § 2038 Abs. 2 S. 1 auf § 745 BGB entnommen: § 745 Abs. 1 spricht von der ordnungsmäßigen Verwaltung und lässt hier eine Mehrheitsentscheidung genügen. Für eine „wesentliche Veränderung des Gegenstandes“ dagegen verlangt § 745 Abs. 3 Einstimmigkeit („kann nicht beschlossen werden ...“: gemeint ist: nicht mit Mehrheit, aber natürlich einstimmig). Eine solche wesentliche Veränderung muss an sich den Nachlass als Ganzes (!) betreffen, nicht den Einzelgegenstand (BGH NJW 2006, 439); gehören viele Grundstücke zum Nachlass und soll eines verkauft werden, stellt die Umstrukturierung durch Änderung des Prozentverhältnisses Grundstücks- zu Barvermögen allein noch keine „wesentliche Veränderung“ das (BGH aaO). Deshalb wird behauptet, die „Umgestaltung, Verarbeitung und Veräußerung von Einzelgegenständen“ liege innerhalb ordnungsmäßiger Verwaltung, „solange der Nachlass als ganzes nicht wesentlich verändert wird.“ Unter die ordnungsmäßige Verwaltung sollen alle Maßnahmen fallen, die „der Beschaffenheit des Gegenstandes und dem Interesse aller Miterben nach billigem Ermessen entsprechen“. Mit diesen Floskeln kann man in der Praxis wenig anfangen; klüger wird man aus den Beispielen. Letztlich kommt es auf den Umfang und die Zusammensetzung des Nachlasses an sowie die Interessen der Miterben. Was bei einem „reichen“ Nachlass „laufende“ Verwaltung ist, kann bei einem „armen“ Nachlass außerordentlich sein.

Beispiele für außerordentliche Verwaltung: Fortführung eines Handelsgeschäfts durch die Erben wegen der nun eintretenden persönlichen Haftung (§§ 25, 27 HGB); Wiederaufbau eines zerstörten Hauses (BGH LM § 1004 Nr. 14); Grundstücksteilung; Errichtung von Garagen auf einer als Kfz-Abstellplatz genutzten Fläche.

Gemeinschaftlichkeit muss in den Fällen außerordentlicher Verwaltung im **Innenverhältnis** vorliegen, aber auch im **Außenverhältnis**, zB beim Vollzug mittels Eigentumsübertragung (Verfügung, § 2040 Abs. 1 BGB). Ein einzelner Miterbe kann handeln, wenn er von den anderen bevollmächtigt wurde; das ist auch stillschweigend möglich. Weigert sich ein Miterbe, im Außenverhältnis mitzuwirken, zB beim Notar den Vertrag zu unterschreiben, kann er auf Mitwirkung verklagt werden; mitwirken muss er aber nur, wenn es sich um ordnungsmäßige Verwaltung handelt, § 2038 Abs. 1 S. 2 Halbs. 1 BGB; bei außerordentlicher Verwaltung besteht keine Mitwirkungspflicht (zu entscheiden ist also vom Gericht die Vorfrage, um welche Art von Maßnahme es sich handelt). Der nicht einverstandene Miterbe kann somit nicht auf Zustimmung verklagt werden, wenn die Maßnahme zur außerordentlichen Verwaltung gehört.

c) Fälle, in denen die Mehrheit entscheidet

Die unklare Gesetzestechnik verleitet zur Annahme, Einstimmigkeit sei der Regelfall. In Wirklichkeit liegt das Schwergewicht woanders: § 2038 Abs. 2 S. 1 BGGB verweist auf § 745 BGB, wonach innerhalb einer **ordnungsmäßigen Verwaltung** durch Mehrheit etwas beschlossen werden kann. Zu den mitwirkungspflichtigen Verwaltungsmaßregeln gem. § 2038 Abs. 1 S. 2 BGB zählen grundsätzlich auch Verfügungen über einzelne Nachlassgegenstände (BGH NJW 2006, 439).

Beispiele für ordnungsmäßige Verwaltung: erforderliche Reparaturmaßnahmen; Abschluss eines Mietvertrags, eines Pachtvertrages; Einziehung von Forderungen (vgl § 2039; zur Kündigung § 2040 Abs. 1 BGB); Begleichung von Nachlassverbindlichkeiten (bedeutsam, wenn unter den Miterben Streit besteht, ob die Rechnung beglichen werden soll, zB weil die Handwerkerleistung mangelhaft war); Anlage des Geldes bis zur Teilung (Festgeldanlage? oder Kauf von Anleihen? usw); Übertragung der Verwaltung eines Nachlassgegenstandes auf einen Dritten, zB einen Hausverwalter.

Eine Kündigung (zB eines Landpachtvertrages) kann (obwohl „Verfügung") als Geschäft der ordnungsmäßigen Verwaltung des Nachlasses wirksam von der Mehrheit ohne Mitwirkung der weiteren Miterbin erklärt werden (BGH NJW 2007, 150). Sie muss aber in einem solchen Fall für sämtliche Mitglieder der Erbengemeinschaft abgegeben werden. Wenn A und B die Mehrheit bilden muss also das Kündigungsschreiben als Absender aufweisen „A, B, C, Erbengemeinschaft", es genügen aber die Unterschriften von A und B.

aa) Mehrheit bei der Willensbildung und Entscheidung

Die Mehrheit wird nicht nach Köpfen berechnet, sondern nach den Erbquoten (§ 745 Abs. 1 S. 2 BGB). Wieviel der einzelne Miterbe noch betragsmäßig zu bekommen hat, spielt keine Rolle; wer Miterbe zu $1/5$ ist, hat 20% der Stimmen, selbst wenn er wegen Vorempfängen bei der Auseinandersetzung nichts mehr erhält (hM; MünchKomm-Heldrich § 2038 Rz 35). Würde man anders rechnen, wäre die Berechnung der Stimmquote ein oft zunächst kaum lösbares Problem, die Verwaltung würde über Monate gelähmt, obwohl die Entrümpelung drängt. Dauernd überstimmte Miterben können sich retten, indem sie auf baldige Auseinandersetzung dringen (§ 2042 BGB).

bb) Abstimmungsverfahren

Für das Abstimmungsverfahren sind die Vorschriften des Vereinsrechts (§§ 32ff BGB) nicht direkt anwendbar; Regelungen über Ladungsfristen und dergleichen gibt es nicht. Selbst wenn die Mehrheit die Minderheit überhaupt nicht fragt, ist der Beschluss deswegen nicht unwirksam, weil die Grundsätze des „rechtlichen Gehörs“ hier nicht gelten (BGH NJW 1971, 1265). Hat der Miterbe A eine Erbquote von 51%, kann er deshalb faktisch allein handeln, wenn es um Maßnahmen geht, über die die Mehrheit entscheiden kann. Deshalb muss für die Minderheit auch kein Betreuer handeln, wenn der Minderheits-Erbe unter Betreuung steht, auch eine Genehmigung des Vormundschaftsgerichts entfällt. Sind zwei Miterben mit je $1/2$ Erbquote vorhanden, heißt „Mehrheit“ immer Einstimmigkeit. Kein Stimmrecht hat ein Miterbe in den Fällen des § 34 BGB (zB Abstimmung, ob eine zum Nachlass gehörende Forderung gegen diesen Miterben eingezogen werden soll); BGH NJW 1971, 1265, 1267. Der Mehrheitsbeschluss kann gerichtlich nur beschränkt nachgeprüft werden, so zB dahin, ob die Verwaltung den äußersten Rahmen der Ordnungsgemässheit eingehalten hat, nicht der Zweckmäßigkeit.

Beispiel: Die Mehrheit beschließt, ein Büro im Nachlasshaus für 500 € monatlich zu vermieten. Die Minderheit hält 700 € für erzielbar. Die Minderheit ist auf eine Schadensersatzklage angewiesen (§ 280 BGB: zwischen den Miterben besteht ein gesetzliches Schuldverhältnis), in deren Rahmen dann die erzielbare Miete (zB durch Gutachten) geklärt wird.

cc) Mitwirkungspflicht der Miterben

Die Miterben sind verpflichtet, zu Maßregeln mitzuwirken, die zur ordnungsmäßigen Verwaltung erforderlich sind (§ 2038 Abs. 1 S. 2 Halbs. 1 BGB). Das bedeutet: **Kommt für keine Maßnahme eine Mehrheit zustande,** dann ist die Verwaltung gelähmt. Jeder Miterbe kann die anderen Miterben auf Zustimmung zu einer bestimmten Maßnahme verklagen (Vollstreckung nach §§ 894, 887, 888 ZPO). Der querulierende Miterbe macht sich uU schadensersatzpflichtig.

Beispiel: A, B und C sind Miterben zu je 1/3. Zum umfangreichen Nachlass gehört ein verfallendes Ferienhaus. A und B wollen es verkaufen und haben einen Interessenten für 150.000 €. C ist dagegen: es sei Einstimmigkeit erforderlich, da eine „wesentliche Veränderung" des Nachlasses vorliege, und sie stimme nicht zu, wolle das Haus renovieren. Nach längerem Streit unter den Miterben springt der Interessent ab und dann kann das Ferienhaus schließlich doch verkauft werden, aber nur noch für 100.000 € an einen anderen Interessenten. – Wenn die C mit der nicht erteilten Zustimmung und der dadurch bewirkten Absage des Kaufinteressenten schuldhaft die ihr als Mitglied der Erbengemeinschaft obliegende Pflicht gegenüber den übrigen Miterben verletzt hat, bei Maßregeln mitzuwirken, die zur ordnungsgemäßen Verwaltung erforderlich sind, dann muss sie der Erbengemeinschaft den Schaden von 50.000 € ersetzen (§§ 280 Abs. 1, 2038 Abs. 1 S. 2 BGB; BGH NJW 2006, 439).

dd) Grenzen der Herrschaft der Mehrheit

Eine wesentliche Veränderung des Nachlassgegenstandes kann nicht mit Mehrheit beschlossen oder verlangt werden (§ 745 Abs. 3 S. 1 BGB). Das sind zB der Wiederaufbau eines im Krieg zerstörten Gebäudes; Errichtung von Garagen auf einem Kfz-Abstellplatz; Pflasterung eines Kieswegs; aufwendige Sanierungsmaßnahmen, wenn die Miterben dazu erhebliche private Mittel einsetzen müssten. Die Rechtsprechung ist aber schwankend und zeitbedingt; denn andererseits wurde der Umbau eines baufälligen Stallgebäudes in ein Wohnhaus als keine wesentliche Änderung angesehen, auch nicht der Ersatz eines Flachdachs durch ein Satteldach unter Einbau einer Wohnung, der Wiederaufbau eines brandversicherten Hauses (MünchKomm-Schmidt BGB § 745 Rz 27).

Das Recht des einzelnen Miterben auf einen seiner Erbquote entsprechenden Anteil der Nutzungen kann nicht ohne seine Zustimmung beeinträchtigt werden (§ 745 Abs. 3 S. 2 BGB); ist ein Miterbe mit $1/3$ beteiligt, kann also die Mehrheit nicht beschließen, dass er nur $1/5$ der Mieteinnahmen erhält.

Grenze ist ferner, dass niemand durch Mehrheitsbeschluss gezwungen werden kann, sein Privatvermögen anzugreifen (OLG Celle JR 1963, 221, 222); deshalb kann auch kein Minderheits-Miterbe durch Mehrheitsbeschluss gezwungen werden, in die Fortführung eines Handelsgeschäfts einzuwilligen, weil er dadurch persönlich haften würde (§§ 25, 27 HGB).

Verfügungen können nur einstimmig vorgenommen werden (§ 2040 BGB), nicht durch die Mehrheit.

ee) Auflösung von Blockaden, weil es keine Mehrheit gibt

Sind nur zwei Miterben zu je $1/2$ vorhanden, gibt es keine Mehrheit; wenn sich beide nicht einigen können, kann nichts geschehen. Wenn zB 3 Miterben zu je $1/3$ existieren, scheidet eine Mehrheit aus, wenn jeder der drei etwas anderes will. Solche Blockaden können uU aufgelöst werden:

(1) Bei Grundstücken kann sich jeder Miterbe dadurch wehren, dass er die sofortige Auseinandersetzung verlangt und als Vorstufe beim Amtsgericht die Teilungsversteigerung des Grundstücks beantragt (S. 136).

(2) Können sich die drei Miterben, die gemeinsam ein Haus verwalten, nicht auf einen Mietinteressenten einigen, bleibt entweder das Haus bleibt unvermietet oder ein Miterbe ergreift die Initiative und erhebt Klage gegen die anderen Miterben auf Zustimmung zum Abschluss eines bestimmten Mietvertrags. Denn nach §§ 2038 Abs. 2 S. 1, 745 Abs. 2 BGB kann jeder Miterbe eine dem Interesse aller Teilnehmer nach billigem Ermessen entsprechende Verwaltung verlangen; es würde aber nicht dem Interesse **aller** entsprechen, wenn keine Vermietung erfolgt.

(3) Kümmert sich niemand um den Nachlass, weil es für nichts eine Mehrheit gibt, kann ein Miterbe gegen die anderen Miterben (gestützt auf §§ 2038 Abs. 2 S. 1, 745 Abs. 2 BGB) klagen

auf Zustimmung, dass er selbst als bezahlter Nachlassverwalter tätig wird (MünchKomm-Heldrich § 2038 Rz 43).

(4) Die Verwaltung des Nachlasses durch einen Fremdverwalter (zB eine Hausverwaltungsfirma) kann nur verlangt werden, wenn die Miterben selbst nicht in der Lage oder nicht bereit sind, den Nachlass ordnungsgemäß zu verwalten (BGH NJW 1983, 2142). Ungenügend ist, wenn nur behauptet wird, die Abrechnungen des verwaltenden Miterben seien nicht ordnungsgemäß.

ff) Vertretung der Erbengemeinschaft im Außenverhältnis

Gibt es drei Miterben A, B und C (je 1/3 Erbanteil) und hat beispielsweise die Mehrheit (A, B) beschlossen, die Erblasserwohnung an M zu vermieten, dann fragt sich, wer den Mietvertrag (= Verpflichtungsgeschäft) zu unterschreiben hat (vgl § 550 BGB): Genügt die Unterschrift von A und B oder muss C aus § 2038 Abs. 2 S. 1 Halbs. 1 BGB auf Genehmigung verklagt werden (Vollstreckung: § 894 ZPO), so dass uU erst nach jahrelangem Prozessieren ein Vertrag zustande kommt, der Mietinteressent aber dann die Wohnung nicht mehr braucht. Ganz absurd wird es, wenn man zunächst eine Klage der Mehrheit gegen die Minderheit auf Zustimmung zum Vertrag verlangt und dann eine weitere Klage des Vertragsgegners gegen alle Miterben auf Erfüllung. Die hM (BGH NJW 1971, 1265, 1266) bejaht die gesetzliche Vertretungsmacht der Mehrheit für das Verpflichtungsgeschäft (denn sonst sind Prozesse notwendig; die Erbengemeinschaft ist handlungsunfähig; Querulanten können stören; § 745 Abs. 1 S. 1 BGB); es genügt also, wenn A und B den Vertrag unterschreiben (hat B den A bevollmächtigt, genügt sogar die Unterschrift des A); Vermieter sind A, B und C (nicht: „die Erbengemeinschaft“).

Dagegen sieht die hM die **Kündigung** dieses Mietvertrags als Verfügung an und verlangt dafür grundsätzlich Gemeinschaftlichkeit („Einstimmigkeit“); vgl § 2040 Abs. 1 BGB. Für die Kündigung eines Landpachtvertrages hat der BGH (NJW 2007, 150) allerdings die Ansicht vertreten, sie könne (obwohl „Verfügung“) als Geschäft der ordnungsmäßigen Verwaltung des Nachlasses wirksam von der Mehrheit ohne Mitwirkung des überstimmten Miterben erklärt werden.

d) Notverwaltungsrecht einzelner Miterben

Was eine wesentliche Veränderung des Nachlasses darstellt kann nur einstimmig beschlossen werden; hier gibt es kein Notverwaltungsrecht eines Miterben. In Frage kommt es nur, wo eine Mehrheitsverwaltung möglich ist. Wenn die Mehrheit noch keinen entsprechenden Beschluss gefasst hat, kann jeder Miterbe die zur Erhaltung des Nachlasses notwendigen Maßregeln allein treffen (§ 2038 Abs. 1 S. 2 Halbs. 2 BGB; vgl § 744 Abs. 2 BGB); hierzu ist er berechtigt und im Verhältnis zu den Miterben auch verpflichtet. Es muss eine gewisse Dringlichkeit vorliegen, so dass die Zustimmung der anderen Miterben nicht mehr eingeholt werden kann. Die Maßregel muss notwendig, nicht nur nützlich sein; sie muss sich im Rahmen ordnungsmäßiger Verwaltung halten und aus Nachlassmitteln finanziert werden können.

Beispiele: Notwendige Erhaltungsmaßnahmen sind dringende Reparaturen an Hausgrundstücken (BGHZ 6, 76), wie etwa die Beseitigung eines Wasserrohrbruchs, einer Kanalverstopfung, Neueindeckung (jedenfalls behelfsmäßig) nach einem Sturm, Beseitigung von Gasaustritt, Einlegen von fristgebundenen Rechtsmitteln, Anfechtung des Beschlusses einer WEG – Versammlung (BayObLG FamRZ 1999, 187); im Einzelfall auch eine Kündigung. **Keine notwendigen Erhaltungsmaßnahmen sind:** Abschluss eines mehrjährigen Mietvertrages (BGH NJW 1958, 2061), Wiederaufbau eines zerstörten Hauses; umfangreiche Instandsetzungsarbeiten an einem Haus (BGH NJW 1952, 1252); Klage auf Rechnungslegung; Anfechtung eines vom Erblasser geschlossenen Vertrages; Kündigung einer Nachlassforderung.

Das Notverwaltungsrecht begründet ein **gesetzliches Vertretungsrecht** gegenüber Dritten, so das der einzelne Miterbe hier sich und die anderen Miterben, somit alle Mitglieder der Erbengemeinschaft, verpflichten kann (BGH NJW 2003, 3268). Berechtigt und verpflichtet wird „die Erbengemeinschaft“, wenn ein solcher Vertretungswille für den Vertragspartner erkennbar ist (§ 164 Abs. 2 BGB); andernfalls wird im Außenverhältnis nur der handelnde Miterbe berechtigt und verpflichtet und kann im Innenverhältnis Freistellung von der Verpflichtung bzw Aufwendungsersatz verlangen (aus Auftrag §§ 669, 670 BGB bzw aus § 2038 Abs. 2 S. 1 mit § 748 BGB; BGH NJW 1987, 3001). Zur Durchführung der Maßnahme kann der Miterbe auch allein eine **Verfügung** vornehmen (entgegen der Regel des § 2040 BGB; insoweit ist § 2038 Abs. 1 S. 2 Halbs. 2 BGB als Sonderregelung aufzufassen, weil das Notverwaltungsrecht sonst ins Leere gehen würde); er kann also Bargeld aus der Nachlasskasse nehmen und dem Handwerker die Geldscheine wirksam übereignen.

Beispiel: Als der Sturm das Dach des Nachlasshauses abdeckte, hat der Miterbe A sofort einen Handwerker mit einer Notabdeckung mittels Planen beauftragt, der ihm dann die Rechnung schickte. A hätte den „Auftrag" namens der Erbengemeinschaft vergeben sollen dann würden die Erben gesamtschuldnerisch haften (§ 2058 BGB). Wenn A aber den Auftrag im eigenen Namen vergab, haftet er gegenüber dem Dachdecker nur selbst. Hat A den Dachdecker schon aus seinem Privatvermögen bezahlt, er kann dann von den anderen Miterben („im Innenverhältnis") Ersatz seiner Aufwendungen verlangen (§§ 2038 Abs. 1 S. 2, 748 BGB); hat A den Dachdecker noch nicht bezahlt, kann er von den Miterben verlangen, dass sie ihn anteilig von der Zahlungspflicht freistellen, was auf dasselbe hinausläuft.

Liegt ein Notfall vor und sind die anderen Miterben erreichbar, hat der einzelne Miterbe kein Notverwaltungsrecht mehr; weigern sich die anderen Miterben (dh die Mehrheit), Maßnahmen zu treffen (ihnen gefällt das kaputte Dach), können sie vom willigen Miterben allenfalls auf Zustimmung zu einer bestimmten Maßnahme verklagt werden (§ 745 Abs. 2 BGB); er kann auch die „Kündigung" der Erbengemeinschaft betreiben.

Lag in Wahrheit keine Notmaßnahme vor und genehmigt die Mehrheit das Handeln nicht nachträglich, haftet der Handelnde als Vertreter ohne Vertretungsmacht (§ 179 BGB); weiter kommt Geschäftsführung ohne Auftrag (§ 683 BGB) in Betracht.

e) Minderjährige oder unter Betreuung stehende Miterben

Wenn die Mehrheit (oder alle Miterben) Verpflichtungsverträge beschließen will und ein Miterbe minderjährig ist oder unter Betreuung steht, fragt sich, ob eine Genehmigung des Familiengerichts bzw des Vormundschaftsgerichts erforderlich ist, wenn sie auch bei Alleinerbschaft notwendig wäre *(§§ 1643, 1812ff, 1821, 1822 BGB)*; das ist wohl zu bejahen.

Beispiel: Die Erbenmehrheit beschließt die Aufnahme eines kurzfristigen Überbrückungskredits (nach § 1822 Nr. 8 BGB genehmigungspflichtig). Wenn der Betreute, vertreten durch den Betreuer, auf Seiten der überstimmten Minderheit steht, kann es nicht anders sein, als wenn er auf Seiten der Mehrheit steht. Das Genehmigungserfordernis macht die Verwaltung schwerfällig (nach Damrau ZEV 2006, 190 ist wegen des gesetzlichen Vertretungsrechts der Mehrheit keine Genehmigung erforderlich).

f) Haftungsfragen

Wenn die Berechtigung zum Tätigwerden besteht (wegen Einstimmigkeit, Mehrheitsbeschluss, Notverwaltungsmaßnahme) stellt sich die weitere Frage, wer im Verhältnis zum Vertragspartner zahlungspflichtig ist. Im Innenverhältnis muss die Erbengemeinschaft zahlen; im Außenverhältnis kommt es darauf an, wer wie aufgetreten ist.

Beispiel: Im Nachlasshaus tritt ein Wasserrohrbruch auf. Der Miterbe A, dem dies gemeldet wird, beauftragt eine Installationsfirma, die Reparatur durchzuführen. Da A den Auftrag im eigenen Namen vergeben hat und nicht im Namen der Erbengemeinschaft, haftet A gegenüber der Firma allein (und auch mit seinem Privatvermögen!), kann aber im Innenverhältnis von den Miterben Ersatz verlangen. Wenn der Nachlass unzureichend ist bleibt A auf dem Schaden sitzen. A hätte den Auftrag im Namen der Erbengemeinschaft, bestehend aus A, B und C, vergeben sollen (zur Beweiserleichterung am besten schriftlich); dann würden zwar alle Miterben haften, aber letztlich in der Regel nur begrenzt auf den Nachlass. Wenn der Nachlass allerdings zahlungskräftig ist, spielen diese Unterschiede letztlich keine Rolle.

g) Die Nutzung des Nachlasses

Die Nutzung des Nachlasses steht den Miterben zu. Durch Mehrheitsbeschluss können die Einzelheiten der Nutzung beschlossen werden (§§ 2038 Abs. 2, 743 Abs. 2, 745 Abs. 1 S. 1

BGB; Steiner ZEV 2004, 405). Jedoch kann jeder Miterbe eine dem Interesse aller Miterben nach billigem Ermessen entsprechende Benutzung verlangen (§ 745 Abs. 2 BGB). Das bedeutet, dass eine Billigkeitskontrolle des Mehrheitsbeschlusses stattfindet, etwa wenn der Grundsatz gleichmäßiger Behandlung verletzt wird (MünchKomm-Schmidt BGB § 745 Rz 29, 35). Der überstimmte Miterbe kann also mit Klage gegen die anderen Miterben (auf Einwilligung in eine bestimmte Art der Benutzung) in diesen Fällen vorgehen; ferner kann er die sofortige Aufhebung der Erbengemeinschaft verlangen (§ 2042 BGB), indem er zB die Teilungsversteigerung des Grundstücks bei Gericht beantragt.

Beispiele: (1) Zum Nachlass gehört eine Ferienwohnung in Spanien. Jede der drei Miterbinnen A, B, C (zu je $1/3$) will die Wohnung mit Familie im August nutzen. – Hier entscheidet die Mehrheit; kommt sie nicht zustande, kann die Ferienwohnung nicht genutzt werden. In diesem Fall sagt §§ 2038 Abs. 2; 745 Abs. 2 BGB, dass jeder Miterbe von den anderen Miterben eine dem Interessen aller Miterben nach billigem Ermessen entsprechende Benutzung verlangen kann. Deshalb könnte ein Miterbe die beiden anderen Miterben verklagen auf Zustimmung zu einem Nutzungsplan etwa des Inhalts, dass A die Wohnung in der 30. und 31. Woche (Beginnend am Montag ...) nutzen darf, B in der 32. und 33.Woche und C in der 34. und 35.Woche (so wie beim Putzplan für das Treppenhaus in einem Mietshaus); der Prozess dauert mindestens einige Monate. Zur Beschleunigung kann A den Erlass einer einstweiligen Verfügung (§§ 935, 940 ZPO: Regelungsverfügung) mit dieser Nutzungsregelung beantragen. Billiger wäre es, wenn A, B und C losen würden. (2) Zum Nachlass gehört eine Wohnung in München und ein Pkw. Von den drei Miterben will der eine auf Dauer in die Wohnung einziehen, der andere will den Pkw laufend nutzen. Der dritte Miterbe ist gegen alles. – Auch hier entscheidet die Mehrheit; der überstimmte Dritte kann aus § 745 Abs. 2 BGB klagen; Folge wird sein, dass der Wohnungsnutzer und der Pkw-Nutzer jeweils Miete zahlen müssen. (3) Ebenso ist es, wenn zum Nachlass ein Boot gehört. Wer darauf wann damit fahren? Hier ist ein Benutzungsplan auszustellen, notfalls durch Gerichtsurteil.

Jeder Miterbe ist gegenüber den anderen Miterben verpflichtet, die Kosten einer **gemeinschaftlichen Benutzung** nach seiner Erbquote zu tragen (§§ 2038, 748 BGB). Wird die Nachlass-Wohnung also an eine fremde Person vermietet, sind die Grundsteuern, Kosten für Straßenreinigung, Müllabfuhr, Reparaturen usw von allen Miterben zu tragen, weil ja auch die Mieteinnahme in die gemeinsame Kasse fließt.

Alleinnutzung: Probleme gibt es, wenn ein Miterbe einen Nachlassgegenstand (zB eine Wohnung) *allein* nutzt, ohne dass darüber eine Vereinbarung getroffen wird.

Beispiel: E war zweimal verheiratet. Als er stirbt, wird er von seiner Tochter T aus 1. Ehe und der Witwe zu je $1/2$ beerbt. Die Witwe bewohnt die frühere Ehewohnung im Nachlasshaus weiter, ohne dass etwa vereinbart worden ist.

Eine Nutzungsvereinbarung wurde im Beispiel nicht getroffen. Da keine Seite die Mehrheit hat, kann sie auch nicht durch Mehrheitsbeschluss betroffen werden. Eine gesetzliche Regelung über die Lastentragung enthält § 748 BGB in diesem Fall nicht (im Zweifel muss aber die Witwe alle Lasten der Wohnung tragen, da sie sie allein nützt; OLG Schleswig NJW-RR 2007, 892). Eine Entschädigungszahlung nach § 745 Abs. 2 BGB kann bei Fehlen einer entsprechenden Vereinbarung erst von dem Zeitpunkt an verlangt werden, in dem sie und damit eine entsprechende Benutzungsregelung iSv § 745 Abs. 2 BGB verlangt worden ist (BGH NJW 1998, 372; NJW-RR 2005, 1200). Die Tochter sollte daher möglichst bald in nachweisbarer Form (schriftlich usw) den Abschluss einer Nutzungsvereinbarung verlangen, zB dahin, dass die Witwe als Nutzungsentschädigung $1/2$ der ortsüblichen Miete von … € zahlt; oder dass sie jedenfalls die Lasten allein trägt (Müllabfuhr, Strom, Wasser, Grundsteuer, Straßenreinigung, Reparaturen usw) und die Kündigungsfrage geregelt wird sonst kann es Schwierigkeiten bei der Auseinandersetzung durch Hausverkauf geben). Die bloße Alleinnutzung gibt keinen Anspruch des anderen Miterben (weder auf alleinige Lastentragung noch auf Nutzungsentgelt); entweder muss der Miterbe eine Nutzungsregelung verlangen oder sein eigenes Nutzungsrecht nach § 743 Abs. 2 BGB geltend machen („Ziehen Sie aus, denn *ich* will einziehen“).

Wenn die Witwe sich nicht rührt, müsste sie auf Einwilligung in eine bestimmte von der Klagepartei ausformulierte Nutzungsvereinbarung verklagt werden. Wird nur eine Nutzungsentschädigung verlangt kann sofort auf Zahlung eines bestimmten Betrags geklagt werden (BGH NJW 1998, 372), was der Klage auf Einwilligung vorzuziehen ist.

h) Die Erträge des Nachlasses

Das Gesetz spricht von „Früchten“ (§ 99 BGB) und meint damit nicht nur die Äpfel und Birnen aus dem Nachlassobstgarten, sondern auch „Rechtsfrüchte“ wie Zinsen, Mieteinnahmen, Dividenden, Gewinne aus Beteiligungen sowie (zumindest entsprechend) Nutzungsvorteile. Diese Früchte stehen den Miterben nach dem Verhältnis ihrer Erbquoten zu (§§ 2038 Abs. 2, 743 Abs. 1 BGB). Die „Früchte“ fallen zunächst in den Nachlass; sie werden erst bei der Auseinandersetzung aufgeteilt (§ 2038 Abs. 2 S. 2 BGB), weil erst dann feststeht, wie viel jeder Miterbe noch zu bekommen hat. Einstimmig (also nicht mit Mehrheit; OLG Hamburg MDR 1956, 107) kann aber beschlossen werden, dass die Erträge anderweitig (zB von Fall zu Fall oder jährlich) aufgeteilt werden. Nur wenn der Erblasser die Auseinandersetzung auf längere Zeit als ein Jahr ausgeschlossen hat (also nicht: wenn die Auseinandersetzung aus sonstigen Gründen längere Zeit dauert; RGZ 81, 241) kann jeder Miterbe am Schluss jedes Jahres die Teilung des Reinertrags verlangen (§ 2038 Abs. 2 S. 3 BGB). Jeder Miterbe ist gegenüber den anderen Miterben verpflichtet, die Lasten nach seiner Erbquote zu tragen (§§ 2038, 748 BGB).

Beispiele: (1) Erblasser E hat seine Frau und seine drei Töchter als Erben zu je 1/4 eingesetzt und die Teilung des Nachlasses für fünf Jahre untersagt; er stirbt am 1. 5. und hinterlässt ein Mietshaus, das jährlich 24.000 € Mieteinnahmen hat. Kann eine Tochter einen Anteil an den Mieteinnahmen verlangen? – Da die Auseinandersetzung vom Erblasser ausgeschlossen ist, kann die Tochter frühestens am 1. 5. des nächsten Jahres 1/4 des Reinertrags des vergangenen Jahres verlangen. Das sind die Mieteinnahmen abzüglich aller Ausgabeposten (also der „Werbungskosten“, die bei den Einkünften aus Vermietung in die Anlage V der Einkommensteuererklärung eingetragen werden); die Abschreibung wird man aber wohl nicht abziehen dürfen, weil es sich hierbei nicht um tatsächliche Geldausgaben handelt.

(2) Zum Nachlass gehört ein Mietshaus, für das schon seit drei Jahren ein Käufer gesucht wird. C verlangt nun $^1/_3$ der laufenden Mieteinnahmen. – Dies ist kein Fall des § 2038 Abs. 2 S. 3 BGB, weil kein Ausschluss der Auseinandersetzung durch den Erblasser vorliegt. C muss bis zur endgültigen Auseinandersetzung warten. Allenfalls kann C eine vorzeitige Teilauseinandersetzung verlangen, wenn sie gewichtige Gründe dafür hat.

Verderblicher Ertrag, wie etwa Obst, ist sinngemäß sofort zu teilen.

Beispiel: E ist gestorben, es sind drei Miterben A, B, C mit je $^1/_3$ Anteil vorhanden. Zum Nachlass gehört ein großer Obstgarten; was geschieht mit der Apfelernte vom August? Kann sich A $^1/_3$ nehmen? Theoretisch sind *alle* Äpfel, da verderblich, zu verkaufen und erst der Erlös ist später zu verteilen (§ 2038 Abs. 2 S. 2 BGB). Nur bei einverständlicher Teil-Auseinandersetzung sei eine Aufteilung möglich. Praktikabler ist, ein Notverwaltungsrecht durch A anzunehmen (§ 2038 Abs. 2 S. 2 Halbs. 2 BGB) und ihm zu gestatten, $^1/_3$ der Ernte selbst zu nutzen.

i) Die Finanzierung des Nachlasses

Für die Zeitspanne zwischen dem Erbfall und der vollständigen Auseinandersetzung ist Geld erforderlich. Es wird entweder aus dem Nachlass selbst beschafft (Nachlasskonto mit Guthaben; Erträge des Nachlasses; Verkauf von Nachlassgegenständen), durch Kreditaufnahme (Kreditnehmer ist nicht der „Nachlass“, sondern die einzelnen Miterben) oder indem die Miterben Mittel aus ihrem Privatvermögen zur Verfügung stellen. Für das Innenverhältnis der Miterben bestimmt § 2038 Abs. 2 iVm § 748 BGB, dass jeder „Teilhaber“ verpflichtet ist, die Lasten des Nachlasses sowie die Kosten der Erhaltung, der Verwaltung und einer gemeinschaftlichen Benutzung nach dem Verhältnis seines Anteils (dh nach der Erbquote) zu tragen. Etwas anderes kann einstimmig vereinbart werden.

Lasten sind zB Grundsteuern, Müllabfuhr, Streupflicht. Kosten sind Aufwendungen, etwa für Reparaturen, Lagerung, Steuerberater, Anwälte.

Die kostenverursachende Maßnahme muss von allen Miterben (§ 744 BGB), andernfalls wirksam von der Mehrheit beschlossen worden sein oder berechtigt von einem einzelnen Miterben ausgeführt worden sein (zB Auftrag, einen Wasserrohrbruch zu reparieren). Zu den Kosten zählt nicht der eigene Zeit- oder Arbeitsaufwand eines Miterben (Palandt/Sprau BGB § 745 Rz 1; putzt eine Miterbin die Nachlasswohnung, kann sie also nicht ohne weiteres 10 € je Stunde den Miterben in Rechnung stellen), es sei denn, die Miterben vereinbaren etwas anderes. Aufwendungen eines Miterben für Porto, Telefon, Fahrtkosten etc sind dagegen zu ersetzen. Die Vergütung des Testamentsvollstreckers wird als Nachlassverbindlichkeit angesehen.

3. Fälle, in denen keine „Verwaltung“ vorliegt

a) Keine Verwaltungsmaßnahmen

Das sind zB Ausübung des Vorkaufsrechts (§ 2034 BGB), Auseinandersetzung des Nachlasses (hier sind also keine Mehrheitsentscheidungen möglich), Widerruf einer Vollmacht des Erblassers (das kann jeder Miterbe für sich tun; BGHZ 30, 396), Totenfürsorge (fällt nicht in den Nachlass und steht daher nicht automatisch den Miterben zu, sondern der Person, die nach dem mutmaßlichen Willen des Verstorbenen dieses Recht wahrnehmen soll).

b) Verwaltungsrechte einzelner Miterben

Solche Rechte kann der Erblasser durch Anordnung gemäß § 2209 BGB (Bestellung eines Miterben zum Testamentsvollstrecker) oder durch eine Auflage (§ 1940 BGB) begründen, ferner durch Anordnung für die Auseinandersetzung (§ 2048 S. 1 BGB). Er kann weiterhin einen Miterben zum „Dritten“ berufen, und anordnen, dass dieser nach billigem Ermessen auseinandersetzen soll (Palandt/Edenhofer § 2048 Rz 3). Im übrigen bestehen Verwaltungsrechte einzelner Miterben beim Notverwaltungsrecht (S. 41).

c) Nachlassverwaltungsrechte anderer Personen

Die Miterben können den Nachlass nicht verwalten, soweit ein Testamentsvollstrecker das Verwaltungsrecht hat (§ 2205 BGB);

ähnliches gilt bei gerichtlich angeordneter Nachlassverwaltung (§ 1984 BGB), Insolvenzverwaltung (§ 80 InsO), Pfändung von Erbanteilen (hier verwaltet der Pfändungsgläubiger den gepfändeten Erbanteil).

d) Nachlassgericht

Das Nachlassgericht darf den Nachlass nicht verwalten. Nur wenn ein Nachlasspfleger bestellt ist (§§ 1960, 1961 BGB) und dieser verhindert ist, könnte das Nachlassgericht bei Eilbedürftigkeit nach §§ 1915, 1846 BGB Maßregeln treffen.

4. Geltendmachung von Nachlassansprüchen

Nachlassansprüche in diesem Sinne sind schuldrechtliche, dingliche und sonstige Ansprüche, die vom Erblasser auf die Erbengemeinschaft übergegangen sind oder nach dem Erbfall durch Surrogation gemäß § 2041 BGB (S. 30 ff) entstanden sind. Das sind zB: Anspruch auf Miete für das vermietete Anwesen, Anspruch auf Rückzahlung eines Darlehens (das der Erblasser gab), Mahnung wegen solcher Ansprüche und Klage, Rechtsmitteleinlegung; Herausgabeanspruch der Erben gegen Erbschaftsbesitzer (§ 2018 BGB; Anspruch auf Schadensersatz wegen Nicht- oder Schlechterfüllung; Anspruch auf Rechnungslegung, Unterlassung. Hier sind nicht §§ 2038, 2040 BGB anzuwenden, sondern die Sonderregelung in § 2039 BGB.

Wenn die Ausübung eines Gestaltungsrechts (zB Anfechtung, Rücktritt) eine Verfügungswirkung hat, müssen alle Miterben handeln (§ 2040); der durch die Ausübung entstandene Anspruch, zB aus ungerechtfertigter Bereicherung (§ 812 BGB) nach Anfechtung, fällt hingegen unter § 2039 BGB.

a) Klagemöglichkeiten

(1) Alle Miterben können klagen und Leistung an sich fordern (sog. **Gesamthandsklage**). Die „Erbengemeinschaft“ ist selbst nicht rechtsfähig und kann daher nicht klagen. Alle Miterben können auch in der Form klagen, dass jeder Zahlung eines

Teilbetrags in Höhe seines Erbanteils an sich verlangt (stillschweigende Teilauseinandersetzung).

(2) Jeder **Miterbe allein** kann die (ganze) Leistung fordern, aber nicht an sich, sondern nur an alle Erben (oder eine von allen Miterben bevollmächtigte Person, auch einen bevollmächtigten Miterben; in der Praxis wird verlangt, auf das Konto der „Erbengemeinschaft" zu zahlen); § 2039 S. 1 BGB. Klagt der einzelne Miterbe auf **Leistung an sich,** ist theoretisch die Klage abzuweisen; in der Praxis wird aber der Kläger vom Gericht zuvor auf den Fehler hingewiesen (§ 139 ZPO) und behebt ihn dann.

(3) Gibt es zwei Miterben und klagt jeder für sich und nicht gleichzeitig gegen den Schuldner auf Leistung an die Erbengemeinschaft (zwei Klagen im Sinne des § 2039 liegen also vor), kann das Gericht ggf beide **Verfahren verbinden** (§ 147 ZPO); andernfalls ist durch eine entsprechende Formulierung des Tenors der beiden Urteile sicherzustellen, dass nicht doppelt vollstreckt werden kann. Das Verfahren über die zweite Klage kann auch ausgesetzt werden; sobald die erste Klage Erfolg hat, fehlt der zweiten das Rechtsschutzbedürfnis.

(4) Der Verpflichtete kann nur **an alle Erben gemeinschaftlich** leisten, § 2039 S. 1 BGB. Zahlt der Schuldner zB das Darlehen an *einen* Miterben zurück (Fehler!) und unterschlägt dieser das Geld, anstatt es an die Erbengemeinschaft weiterzuleiten, muss der Schuldner nochmals zahlen (letztlich ohne den Erbanteil des kriminellen Miterben, weil hier aufgerechnet werden kann; vgl aber § 2040 II BGB).

Beispiele: E wird von A, B, C zu je $1/3$ beerbt. Zum Nachlass gehört eine Forderung gegen S von 30.000 €. B und C wollen deswegen nichts unternehmen, weil sie die Sache für verjährt halten. A kann nicht 10.000 € auf Zahlung *an sich* einklagen Er kann zwar nur einen Teilbetrag einklagen (Teilklage), aber auch dann nur auf Leistung an alle (§ 2039 S. 1 Halbs. 2); Ausnahmen: die anderen Miterben haben A zur Klage an sich ermächtigt oder es liegt eine (ausnahmsweise) zulässige vorweggenommene Teilauseinandersetzung vor (Palandt/Edenhofer § 2039 Rz 11). Auf Zahlung von 30.000 € (oder, wenn er vorsichtig ist, nur auf einen Teilbetrag) klagen kann er auch gegen den Widerspruch der anderen Miterben. Ist der Prozess gewonnen und verweigern B und C die Annahme des Geldes (was wenig lebensnah ist), muss S nicht erfüllen (§ 2039 S. 1 Halbs. 1); dann kann A verlangen, dass S das Geld beim Amtsgericht hinterlegt (§ 2039 S. 2).

Probleme bereitet die Frage, ob ein Miterbe, wenn er allein klagt und den Prozess verliert, **Kostenersatz** aus dem Nachlass verlangen kann. Das richtet sich nach §§ 683, 670 BGB.

Beispiel: E hat seine beiden Töchter (A, B, je 1/2) aus erster Ehe als Erbinnen eingesetzt. Nach seinem Tod verlangt die Tochter A Herausgabe eines Autos von der Witwe mit der Begründung, das Auto sei in den Nachlass gefallen. B will aus Pietät nicht klagen. – A kann allein klagen (§ 2018 BGB; § 2039 S. 2 BGB), sie allein steht im Rubrum von Klage und Urteil. Geklagt wird auf Herausgabe an einen vom Gericht zu bestellenden Verwahrer (Sequester; in der Regel wird vom Gericht ein Gerichtsvollzieher hierzu bestellt). Schwester B könnte Zeugin sein. Bei Klageabweisung werden der A alle Kosten auferlegt (§ 91 ZPO). A allein schuldet die Anwalts- und Gerichtskosten dem Gericht bzw dem Anwalt. Ob sie im Innenverhältnis von B Aufwendungsersatz verlangen kann richtet sich nach §§ 683, 670 BGB. Das bedeutet im Regelfall, dass B den ihrer Erbquote entsprechenden Teil der Kosten zu erstatten hat, wenn der Prozess nicht aussichtslos war (vgl BGH NJW 2003, 3268); es genügt, dass der klagende Miterbe den Prozess und damit die Kosten für erforderlich halten durfte. Dabei spielt es keine Rolle, ob der andere Miterbe dem Prozess widersprach oder zustimmte oder unentschieden war. Haben beide Schwestern den Anwalt beauftragt, schulden natürlich beide die Anwaltkosten, selbst wenn der Anwalt dann nur die A klagen lässt.

Die Streitfrage, wer die **Prozesskosten** letztlich zu tragen hat, wenn der Prozess verloren geht, und der andere Miterbe von vornherein mit dem Prozess nicht einverstanden war, kann umgangen werden. Die Miterben A und B sollen eine **Teilauseinandersetzung** durchführen, in der der A der Anspruch zugeteilt wird, verrechnungsfrei: Gewinnt A erhält sie allein den Pkw; verliert A, muss sie allein die Prozesskosten tragen und erhält keine Erstattung des hälftigen Anteils von B.

b) Gesetzliche Prozessstandschaft

§ 2039 BGB ist ein Fremdkörper im System, das ein Handeln einzelner Miterben sonst nur als Notmaßnahme kennt. Dass hier ein einzelner Miterbe in gesetzlicher Prozeßstandschaft klagen kann, führt zu schwierigen Problemen.

Beispiel: die beiden Schwestern A und B haben von ihrem Vater eine angebliche Forderung von 50.000 € gegen S geerbt. (1) A klagt die Forderung ein und verliert den Prozess; nun klagt B bei einer anderen Zivilkammer desselben Landgerichts die Forderung ein. Muss die Klage abgewiesen werden? In Hinblick auf § 325 ZPO soll das Urteil nach hM (MünchKomm-Heldrich § 2039 Rz 20) keine **Rechtskraft** für und gegen andere Miterben entfalten, so dass B nochmals klagen könnte. Im Einzelfall kann aber Rechtsmissbrauch entgegengehalten werden. Eine Klage aller Miterben auf Feststellung, dass ein vom Erblasser eingegangenes Pachtverhältnis fortbesteht, ist hinsichtlich eines Miterben unzulässig, dem gegenüber das Gegenteil bereits rechtskräftig festgestellt ist (BGH NJW 1989, 2133). (2) Hemmt die Klage der A die **Verjährung**, so dass B bei ihrer späteren Klage diesen Einrede nicht fürchten muss? Die hM (Soergel/Wolf § 2039 Rz 11) nimmt an, die Klage eines Miterben hemme die Verjährung (§ 204 Abs. 1 Nr. 1 BGB) auch gegenüber allen übrigen; dagegen spricht aber, dass die Prozesse getrennt zu sehen sind. (3) Ob bei Aktivprozessen aller oder einiger Miterben zwischen ihnen eine **notwendige Streitgenossenschaft** (§ 62 ZPO) besteht ist streitig. (4) Die reiche A lässt die arme B in **Prozesskostenhilfe** (§ 114 ZPO) klagen, um keinem Kostenrisiko ausgesetzt zu sein. Es kommt nur auf B an (§ 115 ZPO); in Missbrauchsfällen kann auf den Aufwendungsersatzanspruch gegen die Erbengemeinschaft (als Vermögen) abgestellt werden.

c) Sonderfall: Ein Miterbe ist zugleich Nachlassschuldner

Auch in diesen Fällen ist § 2039 BGB anwendbar; ein Erlöschen durch Vereinigung von Gläubiger und Schuldnerstellung tritt nicht ein. Grundsätzlich findet die Endabrechnung unter den Miterben bei der Auseinandersetzung statt. Fraglich ist daher, inwieweit der Miterbe einwenden kann, dass ihm der Schuldbetrag ganz oder teilweise bei der Auseinandersetzung wieder zustehe. In Frage kommt ein Zurückbehaltungsrecht (§ 273 Abs. 1 BGB). Ein Zahlungsverweigerungsrecht ergibt sich in Extremfällen für den Beklagten ferner aus § 242 BGB (BGH FamRZ 1971, 644; Treu und Glauben), § 226 BGB (Schikane).

Beispiel: Der Vater E hat seinem Sohn C ein Darlehen von 30.000 € gegeben und stirbt dann; er wird von seinen drei Söhnen A, B und C zu je $1/3$ beerbt; der Nachlass beträgt 600.000 € und ist u.a. in Wertpapieren angelegt. B will gegen den Bruder C nichts unternehmen; C wehrt sich ebenfalls. Dann kann A den C auf Rückzahlung der 30.000 € **an die drei Miterben** verklagen (§ 2039 S. 1 BGB). C muss aber nicht sein Hab und Gut verkaufen um die Forderung zu erfüllen; er kann sich auf sein Zurückbehaltungsrecht berufen (§ 273 Abs. 1), weil er einen Erbauseinandersetzungsanspruch in Höhe von 200.000 € hat, also viel höher als die Schuld. Anders ist es, wenn besondere Gründe die Einziehung verlangen, zB weil mit dem Geld Nachlassverbindlichkeiten zu begleichen sind; ferner, wenn die Schuld durch den Erbanteil nicht gedeckt ist.

5. Verfügungen der Erbengemeinschaft

„Verfügung" ist ein rechtstheoretischer Begriff, der einem Laien nicht ohne weiteres zugänglich ist. Wer ein Buch kauft, zahlt und dann mitnimmt, schließt einen Kaufvertrag (Verpflichtung), übereignet Geldscheine und erhält dann ein Buch von Buchhändler übereignet (der Buchhändler „verfügt" hierbei über sein Vermögen). Über seinen ideellen Anteil an einzelnen Nachlassgegenständen kann ein Miterbe nicht verfügen (§ 2033 Abs. 2 BGB); die Miterben können nur gemeinschaftlich über einen Nachlassgegenstand verfügen (§ 2040 Abs. 1 BGB). Der Nachlass als Ganzes oder Bruchteile davon sind in § 2040 BGB nicht gemeint (dazu §§ 2033 Abs. 1, 2371 BGB), wohl aber gehören durch Surrogation (§ 2041 BGB; S. 30ff) erlangte Gegenstände dazu.

a) Verfügungen

Das sind Rechtsgeschäfte, durch die bestehende Rechte mit unmittelbarer Wirkung aufgehoben, übertragen, belastetet oder inhaltlich verändert werden, zB Übertragung von Eigentum, Kündigung eines Miet- oder Pachtvertrages (der Abschluss eines solchen Pachtvertrages ist dagegen eine Verwaltungsmaßnahme, über welche die Mehrheit entscheiden kann; BGH NJW 1971, 1265), Kündigung eines Darlehens, Abtretung einer Forderung, Erlass einer

Schuld, Belastung mit einer Grundschuld, Anfechtungserklärung nach §§ 119, 123 BGB, Annahme einer geschuldeten Leistung; uU Setzen einer Nachfrist zur Kaufpreiszahlung.

b) Verfügungen nur gemeinschaftlich

Über einen Nachlassgegenstand können die Miterbe nur gemeinschaftlich verfügen (§ 2040 Abs. 1 BGB). Das heißt nicht, dass sie gleichzeitig handeln müssen (BGH NJW 2004, 767); auch kann einer in Stellvertretung der anderen handeln oder mit nachträglicher Genehmigung (§§ 167, 177, 182ff, 185 BGB). Bei einseitigen Rechtsgeschäften eines Miterben (wie Kündigung) ist die vorherige Zustimmung der anderen Miterben erforderlich (§ 182 Abs. 3 BGB).

c) Verfügungen gegenüber der Erbengemeinschaft

Wenn ein Dritter gegenüber der Erbengemeinschaft eine Verfügung vornehmen will, zB ihr ein Grundstück übereignen will, müssen alle Miterben beteiligt werden. Die Kündigung eines Mietvertrags durch den Mieter ist daher gegenüber allen Vermieter-Miterben zu erklären.

d) Verpflichtung und Verfügung

Wenn Verfügungen nicht zugleich Verwaltungsmaßnahmen sind (wie zB eine Schenkung, Nachlassauseinandersetzung), ist die Regelung in § 2040 ohne wesentliche Probleme. Fast alle Verwaltungsmaßnahmen verlangen aber zur Durchführung eine Verfügung; dann sind § 2038 *und* § 2040 BGB einschlägig. Hier sind drei Stufen zu unterscheiden:

(1) Willensbildung bezüglich der Verpflichtung: Für das **Innenverhältnis** der Miterben gilt die Kompetenzregelung in § 2038 BGB (es entscheidet die Mehrheit, oder Einstimmigkeit ist erforderlich, oder ein Miterbe entscheidet allein, ob zB ein Kaufvertrag geschlossen wird).

(2) **Abschluss des Verpflichtungsvertrags,** zB des Kaufvertrags mit dem Käufer.

(3) Für das **Außenverhältnis** ist § 2040 BGB einschlägig, soweit es um die Verfügung geht. Das führt zu unpraktikablen Ergebnissen: wirkt der überstimmte Miterbe im Außenverhältnis bei der Verfügung nicht mit, müsste er auf Mitwirkung verklagt werden (§ 2038 Abs. 1 S. 2 Halbs. 1 BGB); mit Urteilsrechtskraft gilt die Erklärung als abgegeben (§ 894 ZPO).

Beispiel: A, B und C sind Miterben zu je 1/3. Zum Nachlass gehören Grundstücke. A und B beschließen, eine Wiese zu verkaufen, um Nachlassverbindlichkeiten befriedigen zu können; C ist dagegen, weil ihm der Preis zu niedrig ist. Die Mehrheit von A und B kann beschließen, den Kaufvertrag abzuschließen. Die Auflassung des Grundstücks (§§ 873, 925 BGB) dagegen ist eine Verfügung (§ 2040 BGB); geht C nicht mit zum Notar, handeln beim Notar A und B für sich, ferner für C als Vertreter ohne Vertretungsmacht, und müssen dann C auf Genehmigung verklagen (gestützt auf § 2038 Abs. 1 S. 2 Halbs. 1 BGB). Das rechtskräftige Urteil wird zusammen mit dem Notarvertrag dann beim Grundbuchamt eingereicht.

e) Auslegung des Begriffs „Verfügung"

Ob der **Verfügungsbegriff** in § 2040 BGB **eng ausgelegt** werden muss, um Schwerfälligkeiten bei der Verwaltung des Nachlasses zu vermeiden, ist streitig. Dies wird vom BGH verneint (BGH NJW 2006, 439; Palandt/Edenhofer § 2038 Rz 4), denn es bestehe kein Anlass, vom einheitlichen Verfügungsbegriff abzuweichen; bei Dauerstreit könne man ja die Auseinandersetzung beschleunigen. Andere sehen § 2038 Abs. 1 S. 2 als vorrangig an. Verfügungen, die zu einer ordnungsmäßigen Verwaltung erforderlich sind und nicht den Nachlass wesentlich verändern, kann jedenfalls auch die Mehrheit treffen (BGH NJW 2006, 439).

Beispiel: A, B und C sind Miterben zu je 1/3. Bei der Entrümpelung wollen A und B einem Helfer die Gartenstühle schenken (und übereignen), C widerspricht. Nach der strengen Lehre müssten A und B den C verklagen; nach der hier vertretenen Auffassung können sie wirksam übereignen, weil es um Kleinigkeiten geht, sind A und B allenfalls Schadensersatzansprüchen des C ausgesetzt. Wenn es nicht um einen Gartenstuhl, sondern um ein Grundstück geht, ist aber faktisch immer die Unterschrift aller Miterben unter die notarielle Urkunde erforderlich, weil das Grundbuchamt sonst nichts einträgt; hier muss also der überstimmte Miterbe verklagt werden, wenn er nicht zum Notar mitgeht. Das rechtskräftige Urteil ersetzt dann seine Unterschrift.

Ein häufiges Problem ist in der Praxis die **Kündigung,** vor allem von Grundstücksmiete oder Pacht, sowohl wenn „die Erbengemeinschaft“ Vermieterin ist wie auch, wenn sie (zB bezüglich der Erblasserwohnung) Mieterin ist. Da die Kündigung eine einseitige Verfügung ist, scheidet eine nachträgliche Genehmigung der von einem Miterben allein vorgenommenen Kündigung aus (vgl § 180 BGB), sie muss erneut erfolgen (mit der Folge, dass neue Kündigungsfristen laufen); Ausnahme: Kündigung im Rahmen des Notverwaltungsrechts. Die Kündigung eines Landpachtvertrages ist zwar eine Verfügung, kann aber als Maßnahme ordnungsmäßiger Nachlassverwaltung wirksam mit Stimmenmehrheit vorgenommen werden, wenn dadurch die auf den Erhalt des Nachlassbestands gerichteten Interessen der anderen Miterben nicht beeinträchtigt werden (BGH NJW 2007, 150).

Beispiele: A, B und C sind Miterben zu je $1/3$. Zum Nachlass gehört ein Mehrfamilienhaus mit Wohnungen. (1) Ein Mieter ist mit der Mietzahlung in Rückstand. Es herrscht Streit, ob ihm gekündigt werden soll. A und B sind dafür, C ist dagegen. Dass gekündigt werden soll, können A und B im Innenverhältnis mit Mehrheit beschließen (Maßnahme ordnungsgemäßer Verwaltung; § 2038 BGB). Wenn aber C die Kündigungserklärung (= Verfügung) gegenüber dem Mieter nicht unterschreibt (vgl § 568 Abs. 1 BGB), fragt sich, ob die Kündigung durch A und B genügt. Nach der strengen Lehre müssen A und B den C auf Zustimmung verklagen; da erst die Urteilsrechtskraft die Zustimmung ersetzt, kann der Mieter noch jahrelang faktisch ohne Mietzahlung in der Wohnung bleiben. Nach Auffassung des BGH (NJW 2007, 150) genügt die Unterschrift von A und B unter der Kündigung. Welche Meinung zutrifft entscheidet letztlich das Gericht, wenn sich der Mieter gegen die Räumungsklage wehrt mit der Begründung, die Kündigung sei unwirksam. (2) Soll eine leerstehende Wohnung neu vermietet werden, ist der Abschluss des Mietvertrages keine Verfügung, nur eine Verpflichtung (Verwaltungsmaßnahme), für die das Mehrheitsprinzip gilt.

f) Notverwaltung

Bei Notverwaltung ist § 2038 Abs. 1 S. 2 Halbs. 2 BGB nach hM vorrangig gegenüber § 2040 BGB; hier kann jeder einzelne Miterbe im Innen- wie im Außenverhältnis handeln (MünchKomm-Heldrich § 2040 Rz 3), auch verfügen, weil sonst der Zweck der Vorschrift verfehlt würde.

Beispiel: A, B und C sind Miterben zu je 1/3. Zum Nachlass gehört eine Landwirtschaft. Eine Kuh hat sich verletzt und muss notgeschlachtet werden. Hier kann C allein den Werkvertrag mit dem Metzger schließen, dann den Kaufvertrag und schließlich ihm das Fleisch übereignen, obwohl Letzteres eine Verfügung ist; andernfalls würde es verderben. C muss nicht zuerst die Zustimmung der Miterben in Amerika oder sonstwo einholen. Er handelt als gesetzlicher Vertreter der anderen Miterben.

g) Aufrechnung

Bei Gegenrechten, wie Aufrechnung, muss beachtet werden, dass Gegenseitigkeit bestehen muss (§ 2040 Abs. 2 BGB); vgl § 387 BGB.

Beispiel: E hat eine Forderung von 9.000 € gegen G. Dann stirbt E und wird von A, B, C zu je 1/3 beerbt. G hat eine Forderung von 3.000 € gegen den Miterben A. Laienhaft betracht bedeutet das, dass B und C nur noch 6.000 € von G bekommen. Rechtlich gesehen kann G vor Nachlassteilung nicht gegenüber der Erbengemeinschaft oder gegenüber A aufrechnen (§ 2040 Abs. 2 BGB). Es geht kompliziert weiter: G kann A verklagen und dann wegen seiner titulierten Forderung das Eigenvermögen des A, darunter auch den Erbanteil nach E, pfänden (§§ 857, 859 Abs. 2; 829 ff ZPO); erst bei der Auseinandersetzung kann er dann aufrechnen.

6. Auskunftsansprüche und -pflichten

a) Allgemeines

Oft will ein Miterbe von einem Miterben Auskünfte über den Erblasser (er war doch wohlhabend, wo ist sein Vermögen hingekommen? Woran ist der Erblasser gestorben?) oder über den Nachlass oder dessen Verwaltung erhalten, stößt aber auf Schweigen. Eine allgemeine Auskunftspflicht der Miterben untereinander über den Nachlass ist gesetzlich nicht normiert, folgt insbesondere nicht aus § 2038 BGB; sie kann sich im Einzelfall aber aus Treu und Glauben (§ 242 BGB) ergeben (BGH NJW-RR 1989, 450). Voraussetzung ist ein dem Grunde nach bereits feststehender Leistungsanspruch. Wer Auskunft fordert, muss durch das Verhalten desjenigen, von dem er Auskunft will, oder in sonstiger Weise bereits in seinem bestehenden Recht so betroffen sein, dass nachteilige Folgen für ihn ohne die Auskunftserteilung eintreten können. In der Regel geht es um den Bestand des Nachlasses und den Verbleib von früher zum Erblasservermögen gehörenden Gegenständen, deren Zuwendung bei der Berechnung zu berücksichtigen ist (§§ 2027, 2028, 2121, 2127, 2314, 2057 BGB). Dagegen lehnt der BGH (NJW-RR 1989, 450) Auskunftsansprüche über den Gesundheitszustand des Erblassers oder darüber ab, ob der Erblasser bestimmte Medikamente eingenommen habe (zur Vorbereitung einer Klage wegen angeblicher Testierunfähigkeit).

b) Einzelansprüche auf Auskunftserteilung

Nur über Hilfskonstruktionen können manche Auskünfte erlangt werden:

aa) Gegen Banken und andere Schuldner

Da alle Miterben den Nachlass gemeinschaftlich verwalten (§ 2038 Abs. 1 S. 1 BGB) und jeder Miterben bei Ansprüchen, die zum Nachlass gehören, Leistung an alle Miterben verlangen kann (§ 2039 BGB), kann er auch von der Bank Auskunft über den Konto- und Depotbestand, gerichtet an alle Miterben, verlangen. Auch die Auskunft über vergangene Kontobewegungen (zB auf Ausdruck der Kontoauszüge der letzten Jahre) fällt unter § 2039 S. 1 BGB. Nun ist aber denkbar, dass der andere Miterbe damit nicht einverstanden ist, weil sonst aufgedeckt würde, dass er vom Erblasser in den letzten Jahren erhebliche Zahlungen erhalten hat. Widerspricht daher der andere Miterbe gegenüber der Bank der

Auskunftserteilung, dann kann es sein, dass die Bank die Auskunft beim Amtsgericht hinterlegt (§ 2039 S. 2 BGB). Folge ist, dass nun der eine Miterbe gegen den anderen Miterben vor dem Amtsgericht auf Freigabe nach der Hinterlegungsordnung klagen muss. Wegen § 2039 S. 1 BGB kann ein Miterbe auch vom Steuerberater des Erblassers Auskunft verlangen.

bb) Gegen Erbschaftsbesitzer

Wenn ein Miterbe Erbschaftsbesitzer ist, ist er insoweit auskunftspflichtig (§ 2027 Abs. 1 BGB), nämlich über den Bestand und Verbleib der Erbschaftsgegenstände. Erbschaftsbesitzer im Sinne dieser Vorschrift ist aber nur, wer auf Grund eines ihm in Wahrheit nicht zustehenden Miterbenrechts etwas aus der Erbschaft erlangt hat, etwa weil sich ein Miterbe zu 1/2 rühmt, Erbe zu 3/4 zu sein. § 2027 Abs. 1 BGB hilft also in den üblichen Fällen, wo die Erbquoten unbestritten sind, nicht.

Die selbe Auskunftspflicht trifft auch denjenigen, der, ohne Erbschaftsbesitzer zu sein, eine Sache aus dem Nachlass in **Besitz** nimmt, bevor der Erbe den Besitz tatsächlich ergriffen hat (§ 2027 Abs. 2 BGB).

Beispiele: (1) Erblasser E verleiht ein wertvolles Buch an X; dann stirbt er. § 2027 Abs. 2 BGB ist nicht einschlägig, weil X das Buch nicht erst nach dem Erbfall in Besitz nahm. (2) Erblasser E verschenkt ein wertvolles Buch an X; dann stirbt er. X holt das Buch nach dem Tod sofort ab, noch ehe die Miterben vom Erbfall Kenntnis erlangt haben und den Nachlass tatsächlich in Besitz genommen haben. § 2027 Abs. 2 BGB gibt einen Auskunftsanspruch gegen X. (3) Der Notarzt stellt den Tod des E fest und gibt dem Nachbarn N die Schlüssel zur Erblasserwohnung, damit dieser dem Leichenwagen aufschließen kann. N ist auskunftspflichtig (denn vielleicht hat er in der Zwischenzeit die wertvollen Sachen weggenommen).

cc) Gegen Personen der häuslichen Gemeinschaft

Wenn der Miterbe mit dem Erblasser zur Zeit des Erbfalls in häuslicher Gemeinschaft lebte, kann von ihm Auskunft verlangt werden (§ 2028 Abs. 1 BGB),

- welche erbschaftlichen Geschäfte er geführt hat (zB Zahlung der Beerdigung) und

- was ihm über den Verbleib der Erbschaftsgegenstände (und deren Ersatzstücke; S. 30ff) bekannt ist.

Solche Personen sind Ehegatten, Verwandte, Hauspersonal, Pflegepersonen, Untermieter, Lebensgefährten. Die Gemeinschaft wird nicht dadurch beendet, dass der Erblasser vor seinem Tod einige Zeit im Krankenhaus oder im Pflegeheim war. Diese Personen müssen kein Nachlassverzeichnis erstellen, nur die konkrete Auskunft erteilen; eine Nachforschungspflicht trifft diese Personen nicht. Auskunft über Geschenke, die der Erblasser zu seinen Lebzeiten dem Hausgenossen gemacht hat, muss nicht erteilt werden (BGH NJW 1955, 1354).

Beispiel: Witwe W wohnt seit Jahren mit ihrer Tochter in derselben Wohnung. Dann stirbt W und wird beerbt von der Tochter und den drei Söhnen zu je 1/4. Die drei Miterben verlangen von ihrer Schwester Auskunft, wie viel Bargeld die Mutter hinterließ (sie hätten kurz vor dem Tod noch Tausende Euro in einer Kassette gesehen) und wo es hingekommen ist. Antwortet die Schwester: „50,09 € waren in der Geldkassette und nicht mehr" haben die Brüder keine realistische Möglichkeit, dies zu widerlegen.

Eine praktische Schwierigkeit liegt darin, dass nur Auskunft über „Erbschaftsgegenstände" zu erteilen ist. Wenn die Lebensgefährtin des E auf Anfrage mitteilt: „Die Möbel in der Wohnung gehören mir; ich habe alles selbst gekauft, teilweise vom Erblasser zu Lebzeiten übereignet bekommen", ist eine Klage auf Herausgabe mit der Begründung, das sei Nachlass des E, wenig aussichtsreich.

dd) Gegen Empfänger von Zuwendungen

Wenn ein Miterbe vom Erblasser ausgleichungspflichtige lebzeitige Zuwendungen erhalten hat kann Auskunft verlangt werden (§ 2057 BGB); vgl S. 117.

ee) Gegen verwaltende Miterben

Wenn ein Miterbe aufgrund Auftrags der anderen Miterben die Verwaltung des Nachlasses übernahm schuldet er Auskunft aus Auftragsrecht (§ 666 BGB).

ff) Gegen Beschenkte

Ein pflichtteilsberechtigter Miterbe hat in bestimmten Fällen gegen einen vom Erblasser Beschenkten einen Auskunftsanspruch über die Geschenke (§ 242 BGB; Palandt/Edenhofer § 2329 Rz 2).

gg) Sonstige Auskunftsansprüche

Endgültiger Miterbe gegen den vorläufigen Miterben (§§ 666, 681, 1959 BGB); Miterbe gegen den Besitzer eines unrichtigen Erbscheins (§ 2362 Abs. 2 BGB); tatsächlicher Erbe gegen den Scheinerben (§ 2362 Abs. 2 BGB); Miterbe gegen einen Pflichtteilsberechtigten über auszugleichende Vorempfänge (§§ 2316, 242 BGB); Miterbe gegen einen Geschäftsführer des Erblassers (§ 666 BGB); Miterbe gegen eine Person, die ohne Auftrag für den Erblasser Geschäfte führte (§§ 666, 681 BGB). Vgl ferner S. 144.

c) Prozessuale Probleme, Durchsetzung

Zur Auskunft sagen §§ 260, 261 BGB allgemein: Wer verpflichtet ist, über den Bestand eines Inbegriffs von Gegenständen Auskunft zu erteilen, hat dem Berechtigten ein Verzeichnis des Bestands vorzulegen. Besteht Grund zur Annahme, dass das Verzeichnis nicht mit der erforderlichen Sorgfalt aufgestellt worden ist, so hat der Verpflichtete auf Verlangen vor dem Amtsgericht (Rechtspfleger) die „Richtigkeit“ eidesstattlich zu versichern.

Bei einer Erbengemeinschaft kann zwar ein Miterbe gegen einen anderen Miterben klagen, aber nur auf Auskunft an die Erbengemeinschaft (bei zwei Miterben aber Auskunft an den Kläger allein, weil es keine dritte Person gibt). Der die Auskunft begehrende Kläger stellt in der Praxis zwei Klageanträge: Auf Auskunft (wobei konkret anzugeben ist, welche Auskunft verlangt wird) und auf Abgabe der eidesstattlichen Versicherung, falls die erteilte Auskunft mangelhaft ist. Durch Teilurteil wird (unterstellt) dem ersten Antrag stattgegeben. Dagegen kann Berufung des Beklagten möglich sein, aber nur, wenn der Streitwert von mehr als 600 € überschritten wird, § 511 Abs. 2 Nr. 1 ZPO; dabei kommt es nicht auf die Höhe des Nachlasses an, sondern auf den Aufwand des verurteilten Beklagten an Zeit und Kosten, um die Auskunft zu erteilen (BGH FamRZ 1996, 1543); braucht er nur zehn Stunden dazu ist der Wert also nicht erreicht. Ist das Teilurteil auf Auskunft rechtskräftig und erteilt der Beklagte trotzdem keine Auskunft, muss das Urteil vollstreckt werden. Das erfolgt nach § 888 ZPO (OLG Celle DNotZ 2003, 62), indem gegen ihn Zwangsgeld und schließlich Zwangshaft verhängt wird. Wird das Zwangsgeld nicht bezahlt muss es auf Antrag des Klägers durch den Gerichtsvollzieher zeitaufwendig vollstreckt werden. Die Vollstreckung der Haft (dh Einlieferung des Miterben durch den Gerichtsvollzieher in die Justizvollzugsanstalt, wobei der Kläger ggf einen Verpflegungsvorschuss zu leisten hat) ist erst möglich, wenn das Prozessgericht einen Haftbefehl erlassen hat. Dieser Ablauf kann Jahre dauern.

Hat der verurteilte Miterbe schließlich die **Auskunft** dürftig und vermutlich **falsch** erteilt (wobei ein konkreter Grund für dese Annahme bestehen muss!), kann der Kläger den zweiten Antrag stellen: dass nämlich der Miterbe verurteilt wird, die Richtigkeit seiner Auskunft eidesstattlich zu versichern. Dann ergeht ein weiteres Teilurteil. Wiederum ist Berufung gegen das Urteil möglich. Geht der Miterbe nach Rechtskraft nicht freiwillig zum Amtsgericht, um die eidesstattliche Versicherung abzugeben, muss wiederum zeitaufwendig vollstreckt werden. Auch das kann jahrelang verzögert werden.

Bei Abgabe einer falschen eidesstattlichen Versicherung macht sich der Miterbe zwar strafbar (§ 156 StGB); erfahrungsgemäß kommt dabei nicht viel heraus, weil es viele Ausflüchte gibt.

Im Ergebnis sind die Auskunftsansprüche nur erfolgversprechend, wenn der klagende Miterbe bereits genügend Material in der Hand hat. Die Behauptung, „der Erblasser hatte eine Briefmarkensammlung, die habe ich ca. fünf Jahre vor seinem Tod bei ihm gesehen“ nützt wenig. Erklärt der Miterbe, im Nachlass sei keine Sammlung gewesen, ist das nur zu erschüttern, wenn der Miterbe diese Sammlung zB nach dem Erbfall veräußerte. Selbst wenn der Miterbe aber die Sammlung in das Nachlassverzeichnis aufnahm, kann es sein, dass er die wertvollsten Marken vorher entnommen hat.

d) Umfassende Auskunftsansprüche in Sonderfällen

Günstiger für den Miterben ist die Lage, wenn der Verstorbene unter **Betreuung** stand (denn dann hatte der Betreuer über das Vermögen abzurechnen und in den Betreuungsakten des Vormundschaftsgerichts befindet sich ein Vermögensverzeichnis (§§ 1908i, 1802 BGB). Wenn ein **Nachlasspfleger** tätig war, hatte dieser dem Nachlassgericht ein Nachlassverzeichnis einzureichen (§§ 1915, 1802 BGB). Ebenso ist es bei einem vom Nachlassgericht eingesetzten **Nachlassverwalter** (§§ 1890, 1915, 1975, 1988 BGB). Wenn ein **Testamentsvollstrecker** vorhanden ist, hat dieser den Miterben ein Nachlassverzeichnis vorzulegen (§ 2215 BGB); gegen ihn bestehen Ansprüche auf Auskunft über wichtige Verwaltungsvorgänge und auf Rechnungslegung (§§ 2218, 666 BGB).

e) Sonstige Aufdeckung von Vermögenswerten des Erblassers

Es gibt keine allgemeine Offenbarungspflicht von Schuldnern des Erblassers. Wenn E dem X vor seinem Tod seine Münzensammlung zum Katalogisieren lieht, muss sich X nicht von sich aus bei den Erben melden. Wenn E bei der X-Bank ein Sparbuch unterhielt, dieses Sparbuch aber im Nachlass nicht auftaucht und die Erben von der Bankverbindung nichts wissen gehen sie leer aus; nach Ablauf der Verjährungsfrist von (längstens) 30 Jahren (§ 197 Nr. 2 BGB) fließt das Geld in den Gewinn der Bank. Die Bank muss nicht von sich aus 100 Jahre nach der Geburt des Erblassers nach Erben suchen (deshalb suchten die Schweizer Banken auch nicht von sich aus nach den Erben der Juden, die dort Einlagen unterhielten und im Konzentrationslager ums Leben kamen). Den Miterben bleibt aber die Möglichkeit, unter Vorlage einer Kopie des Erbscheins ins Blaue hinein alle örtlichen Banken anzuschreiben und nach Konten des Erblassers zu fragen. Überregional können auch die vier Bankenverbände eingeschaltet werden (Adressen teilt die örtliche Bank mit).

Bei **Lebensversicherungen** kann der Gesamtverband der deutschen Versicherungswirtschaft, Berlin, Wilhelmstrasse angeschrieben werden.

Vermögen bei **Banken in der Schweiz** kann durch Schreiben an die Anlaufstelle beim Bankenombudsmann, Postfach 1818, CH 8021 Zürich, ermittelt werden (Gebühr 100 Franken; Becker ZEV 2007, 208).

VI. Das Ausscheiden aus der Erbengemeinschaft

1. Veräußerung des Erbanteils

Ein Miterbe kann seinen Erbanteil (oder einen Teil davon; BGH NJW 1963, 1610) an dritte Personen verkaufen (das ist ein Erbschaftsverkauf, der nach § 2371 BGB der notariellen Beurkundung bedarf); er kann ihn auch verschenken (wofür bezüglich der Form dasselbe gilt, § 2385 BGB), vertauschen; er kann sich zur Verpfändung verpflichten (formfrei). Das ist das Verpflichtungsgeschäft; es ist grundsätzlich unabhängig vom Verfügungsgeschäft (Abstraktionsprinzip).

a) Verfügung über den Erbanteil

Die Erfüllung des Verpflichtungsvertrags, dh die Übertragung des Erbanteils an den Erwerber, ist eine Verfügung. Sie ist dem Miterben gestattet (§ 2033 Abs. 1 S. 1 BGB), bedarf aber der notariellen Beurkundung (§ 2033 Abs. 1 S. 2 BGB). Andere Verfügungen sind zB Verpfändung (§ 1273 BGB) und Nießbrauchsbestellung (§ 1068 BGB). Der Miterbe kann auch nur einen Teil seines Erbanteils veräußern, zB die Hälfte seines Drittelanteils.

Beispiel: In der Praxis kommen fast nur Übertragungen an Miterben vor (drei Miterben A, B, C mit je 1/3 Anteil; C veräußert seinen Anteil für 30.000 € an A. Kaufvertrag und Übertragung des Anteils werden vom Notar in einer Urkunde zusammengefasst). Denn es gibt keinen Markt für Erbanteile. Zum Ausscheiden aus der Erbengemeinschaft durch (formfreie) Abschichtung vgl unten S. 67.

aa) Übertragung des Erbanteils an Miterben

Beispiel: Miterben sind die Witwe W zu 1/2, die zwei Kinder A, B zu je 1/4. Miterbin W überträgt ihren Anteil auf die zwei Kinder.

Dann erwerben sie diesen Anteil nicht in Bruchteilsgemeinschaft, sondern als Gesamthänder; es tritt (wenn nichts anderes vereinbart ist) Anwachsung im Verhältnis der Erbteile ein (§§ 1935, 2094 BGB); der Miterbenanteil der zwei Kinder erhöht sich auf je $^1/_2$, der Anteil der W sinkt auf null. Ob der bisherige und der neue Anteil verschmelzen oder ob der hinzugekommene Anteil in Hinblick auf Belastungen und Verfügungen als rechtlich selbständig anzusehen ist, ist eine andere Frage.

bb) Übertragung des Erbanteils an Außenstehende

Beispiel: Miterben sind A, B und C zu je $^1/_3$. Miterbe A überträgt seinen vollen Anteil zu gleichen Teilen an die Außenstehenden X, Y und Z.

Zwischen diesen drei Erwerbern entsteht eine Bruchteilsgemeinschaft (§ 741 BGB), sie erwerben nicht etwa jeweils einen $^1/_9$-Anteil. Diese Bruchteilsgemeinschaft ist Mitglied der Gesamthand „Erbengemeinschaft“. Wenn A von seinem Drittelanteil nur die Hälfte an die Außenstehenden X, Y, Z veräußert, entsteht angeblich eine Bruchteilsgemeinschaft am $^1/_3$-Anteil bestehend aus A, X, Y, Z (umstritten; vgl MünchKomm-Heldrich § 2033 Rz 26).

b) Minderjährige, betreute Miterben

Verfügt ein gesetzlicher Vertreter eines Miterben (Eltern des Minderjährigen; Betreuer des Volljährigen) über den Erbteil, ist die **Genehmigung** des Familien- bzw Vormundschaftsgerichts erforderlich (§§ 1822 Nr. 1, 1643 Abs. 1, 1908i Abs. 1 BGB).

c) Stellung des Veräußerers eines Erbanteils

Durch die Anteilsübertragung verliert der Veräußerer nicht seine Stellung als Miterbe (denn sie ist durch den Erbfall entstanden); das Vorkaufsrecht (§ 2034 BGB) bleibt ihm aber nicht (BGH NJW 2002, 820, 821), weil er hinsichtlich der Zusammensetzung der Erbengemeinschaft nicht mehr schutzwürdig ist. Für Nachlassverbindlichkeiten haftet er gemäß §§ 2382, 2385 BGB fort. Im Erbschein bleibt er aufgeführt, der Erbschein wird nicht unrichtig und wird nicht eingezogen (§ 2361 BGB). Pflichtteilsrest- und Pflichtteilsergänzungsansprüche bleiben beim Veräußerer.

d) Stellung des Erwerbers eines Erbanteils

Der außenstehende Erwerber (zB eine Bank, ein Nachbar) war nicht „Miterbe“ und wird es durch das Geschäft auch nicht, er rückt aber in die vermögensrechtliche Stellung des Veräußerers ein, wird insoweit Mitglied der Gesamthand „Erbengemeinschaft“, hat die Rechte des Veräußerers hinsichtlich Verwaltung des Nachlasses und Auseinandersetzung. Das Vorkaufsrecht (§ 2034 BGB) erlangt er nicht, weil er nicht Miterbe wird. Der Anteil wird mit seinen Belastungen übernommen, zB Vermächtnissen, Auflagen, Testamentsvollstreckung, Teilungsanordnungen, Nacherbschaft. Er haftet im Rahmen von §§ 2382, 2385 BGB für Nachlassverbindlichkeiten.

2. Verfügung über einzelne Nachlassgegenstände

Ein Miterbe kann nicht über seinen ideellen Anteil an den Einzelgegenständen des Nachlasses *verfügen* (§ 2033 Abs. 2 BGB). Ist A Miterbe zu $^1/_3$ und gehört zum Nachlass ein antiker Schrank, kann A nicht einen Drittelanteil am Schrank an einen Dritten veräußern. Verpflichten kann er sich natürlich hierzu (vgl § 311a Abs. 1 BGB), denn man kann auch Sachen verkaufen, die einem nicht gehören; kann man nicht erfüllen, schuldet man Schadensersatz (§ 311a Abs. 2 BGB). Alle Miterben gemeinsam können dagegen das Eigentum am Küchentisch an eine Dritten oder einen Miterben übertragen (§ 2040 Abs. 1 BGB).

3. Ausscheiden aus der Erbengemeinschaft durch „Abschichtung“

Ein Miterbe kann seinen Anteil auf einen oder mehrere oder alle anderen Miterben übertragen (§ 2033 BGB; notarieller Form bedürftig), wenn er vorzeitig ausscheiden will. Neuerdings wird vertreten, dass es noch einen zweiten Weg gibt, die sog. Abschichtung (vgl BGH FamRZ 2005, 206; 1998, 673): der Miterbe tritt (in der Regel gegen Zahlung einer Abfindung) mit *formfreier* Vereinbarung aus der Erbengemeinschaft aus, wodurch dann der Nachlass den anderen Miterben im Verhältnis ihrer Anteile anwächst (vgl § 738 BGB). Einzelheiten sind umstritten (vgl. Böttcher Rpfleger 2007, 437).

Beispiel: Scheidet bei einer Erbengemeinschaft bestehend aus A ($^1/_2$), B ($^1/_4$) und C ($^1/_4$) der C aus, wächst sein Viertel im Verhältnis 2:1 den anderen zu. Es sind dann A zu $^2/_3$ und B zu $^1/_3$ Miterben.

Dies ist nach der Rechtsprechung auch dann formfrei möglich, wenn zum Nachlassvermögen ein Grundstück gehört. Bleibt nur *ein* Miterbe übrig, führt die Anwachsung zu Alleineigentum am Nachlass und damit zur Beendigung der Erbengemeinschaft; gegenüber dem Grundbuchamt muss aber die Abschichtung nachgewiesen werden, so dass die Unterschriften der (bisherigen) Miterben zumindest notariell zu beglaubigen sind. Wenn als Abfindung aber die Leistung eines Grundstücks vereinbart wird (A scheidet aus und erhält dafür ein bestimmtes Nachlassgrundstück), ist die notarielle Form zu beachten (§ 311b Abs. 1 BGB). Der Unterschied zur Übertragung (§ 2033 BGB) ist, dass bei Abschichtung der Miterbe lediglich auf seine Rechte als Mitglied der Erbengemeinschaft verzichtet, während bei Übertragung (§ 2033 BGB) eine Übertragung auf bestimmte Rechtsnachfolger erfolgt.

VII. Das Vorkaufsrecht der Miterben

1. Voraussetzungen der Ausübung

Verkauft ein Miterbe seinen Anteil an der Erbschaft (oder einen Bruchteil daran) an einen Dritten, so sind die übrigen Miterben zum Vorkauf berechtigt (§ 2034 Abs. 1 BGB); gleichsteht der Verkauf durch Erben eines Miterben. Damit soll das unerwünschte Eindringen Außenstehender in die Erbengemeinschaft verhindert werden können.

Voraussetzung ist ein gültiger Kaufvertrag mit Angabe des Kaufpreises (nach § 2371 BGB notarieller Form bedürftig).

Das Vorkaufsrecht besteht nicht

- wenn der Miterbe seinen Anteil verschenkt (für nicht nachweisbare Pseudogeschäfte ist also breiter Raum), vertauscht; ausgenommen sind jeweils Umgehungsgeschäfte;
- wenn der Miterbe seinen Anteil an einen anderen Miterben verkauft (denn § 2034 Abs. 1 BGB sagt, dass das Vorkaufsrecht nur eingreift, wenn an einen „Dritten" verkauft wird);
- wenn der Miterbe seinen Anteil weitervererbt.

Vorkaufsberechtigt sind alle restlichen Miterben gemeinschaftlich (§§ 2034 Abs. 1, 472 BGB: „die übrigen").

Beispiele: (1) Sechs Miterben sind vorhanden, einer will seinen Anteil verkaufen. Drei Miterben ist vorkaufswillig, die anderen zwei nicht. – Das Vorkaufsrecht erlischt durch die Uneinigkeit nicht. Die drei Vorkaufswilligen können es nun allein und vollständig in gesamthänderischer Verbundenheit ausüben (§ 472 S. 2 BGB), die Kaufunwilligen sind daran nicht beteiligt. (2) Können die Miterben A, B und C, wenn ihnen der 25%-Anteil zu teuer ist, das Vorkaufsrecht auch nur bezüglich 15% ausüben? Nein, in den Kaufvertrag kann nur ganz oder gar nicht eingetreten werden. (3) E ist gestorben, Miterben sind A, B und C. Dann stirbt C und hinterlässt drei Kinder. Nun will A seinen Miterbenanteil an die Sparkasse verkaufen (in Verrechnung auf seine Bankschulden). B will das Vorkaufsrecht ausüben, die drei Kinder des C sind uneins. – Dies ist kein Fall des § 472 S. 2 BGB, weil die drei Kinder nicht Mitglieder der Ober-Erbengemeinschaft nach E sind, sondern den Anteil des C als Miterben geerbt haben, also insofern eine Unter-Erbengemeinschaft bilden (vgl. S. 6). Diese Unter-Gemeinschaft hat auch das Vorkaufsrecht des C geerbt (§ 2034 Abs. 2 S. 2 BGB) und verwaltet es nach § 2038 BGB (MünchKomm-Heldrich § 2034 Rz 25; str.), also einstimmig; eine Mehrheitsentscheidung ist somit nicht möglich.

2. Die Ausübung des Vorkaufsrechts

Ausübungsfrist: zwei Monate (§ 2034 Abs. 2 S. 1 BGB). Fristbeginn: mit Zugang der Mitteilung (dh des Vertrages) nach § 469 BGB bei jedem einzelnen aller übrigen Miterben (zwecks Nachweis des Fristbeginns ist Zustellung ratsam). Die Frist beginnt also nicht schon mit dem Datum des Vertrages und auch nicht dadurch, dass die übrigen Miterben vom Vertrag in irgendeiner Weise Kenntnis erlangt haben (BGH NJW 2002, 820). Ob die Frist abgelaufen ist oder noch mit einer Ausübung des Vorkaufsrechts gerechnet werden muss, kann der Käufer also im Allgemeinen nur durch Nachfragen bei dem Verkäufer feststellen.

Wird das Vorkaufsrecht durch Erklärung der Miterben gegenüber dem Verkäufer ausgeübt (auch hier ist eine Zustellung zweckmäßig, damit ein Nachweis über den Fristbeginn geführt werden kann), kommt ein Kaufvertrag zwischen dem Erbteilsverkäufer und den Miterben zustande (§ 464 Abs. 2 BGB); nun gibt es also zwei Kaufverträge für denselben Anteil. Die Miterben, die vom Vorkaufsrecht Gebrauch machen, müssen den mit dem ursprünglichen Käufer vereinbarten Kaufpreis zahlen (als Gesamtschuldner, § 427 BGB; im Innenverhältnis nach Anteilen), auch wenn er „zu hoch“ ist, und haben nun einen Anspruch auf Übertragung des Erbanteils (§ 2033 Abs. 1 Satz 1 BGB). Sie erlangen den Anteil als Gesamthänder, anteilsmäßig nicht nach Kopfteilen, sondern nach Anwachsungsregeln. Das heißt: Wenn Miterben A (20%), B (50%) und C (30%) sind und B verkauft, sodann A und C ihr Vorkaufsrecht ausüben, wächst der Anteil des B dem A und C im Verhältnis 2:3 zu, also hat anschließend A 40% und B 60% Beteiligung (vgl § 2094 BGB). Die Erbquote laut Erbschein ändert sich dadurch natürlich nicht (der Erbschein wird nicht unrichtig, kein Fall des § 2361 BGB), nur die wirtschaftliche Beteiligung am Nachlassvermögen erhöht sich. In Hinblick auf Ausgleichungspflichten, Vermächtnisse, Auflagen sind die Anteile (also der ursprüngliche und der hinzu erworbenen) aber gesondert zu behandeln (Lange/Kuchinke § 42 Abs. 3; MünchKomm-Heldrich § 2034 Rz 36).

Der **ursprüngliche Kaufvertrag** mit dem Dritten fällt nicht automatisch weg; für ihn gelten §§ 435, 437 BGB. Üblicherweise wird im Kaufvertrag im einzelnen geregelt, was gelten soll, wenn das Vorkaufsrecht ausgeübt wird (zB kein Schadensersatzanspruch des ursprünglichen Käufers; aber Tragung der Notarkosten des ursprünglichen Käufers); das ist dringend zu raten.

Beispiele: Hat B seinen 1/3-Erbanteil am Nachlass an die Sparkasse verkauft und hat der Miterbe A das Vorkaufsrecht ausgeübt (Miterbe C ist daran nicht interessiert), dann muss (wenn B seinen Anteil an A nicht freiwillig übertragen will) A den B verklagen: „B wird verurteilt, dahin einzuwilligen, dass sein Erbanteil von 1/3 nach dem Tod des ... auf A übergeht Zug um Zug gegen Zahlung von ...“. Nach Rechtskraft des Urteils (vgl § 894 ZPO) muss dann A mit dem Urteil zu einem Notar gehen und dort die Annahme des erzwungenen Vertragsangebots erklären (vgl § 2033 Abs. 1 S. 2 BGB).

Da die Ausübungsfrist nur zwei Monate beträgt, ist manchmal streitig, ob die Frist gewahrt wurde. Hier ist eine Feststellungsklage möglich (§ 256 ZPO).

3. Weitere Folgen der Ausübung des Vorkaufsrechts

a) Schutz des Vorkaufsberechtigten

Übereignet bei einem gewöhnlichen Vorkaufsrecht der Vorkaufsverpflichtete den verkauften Gegenstand an einen Dritten, **bevor das Vorkaufsrecht** ausgeübt werden konnte, hat der Vorkaufsberechtigte „Pech gehabt“: er hat nur noch Schadensersatzansprüche gegen den Verpflichteten (Verkäufer), kann aber nicht mehr an den Gegenstand gelangen. Anders ist es beim Vorkaufsrecht des Miterben: die berechtigten Miterben können ihr Vorkaufsrecht noch nach Übertragung des Anteils gegenüber dem Dritten ausüben (§ 2035 BGB), sogar noch gegenüber weiteren Erwerbern (§ 2037 BGB).

Beispiel: Eine Erbengemeinschaft besteht aus A, B, C. Miterbin C hat ihren Anteil durch notariellen Vertrag an die X-Bank verkauft. A und B üben ihr Vorkaufsrecht aus. Trotzdem wird die Übereignung von C an die X-Bank vollzogen. A und B können nun von der X-Bank die Rückübertragung des Erbteils verlangen Zug um Zug gegen Erstattung des Kaufpreises (BGH NJW 2002, 820).

b) Haftungsfragen

Der Erbteilskäufer haftet den Nachlassgläubigern gesamtschuldnerisch neben dem bisherigen Miterben (Erbteils-Verkäufer), §§ 1922 Abs. 2; 2382, 2383, 2385 BGB. Wenn nun der Erbteilskäufer, dem der Anteil schon dinglich übertragen wurde, den Anteil wegen der Ausübung des Vorkaufsrechts an den vorkaufsberechtigten Miterben weitergeben muss, also nur ein kurzfristiger Zwischenerwerb vorliegt, ist es angemessen, dass er von dieser Haftung wieder frei wird (§ 2036 S. 1 BGB). Für fehlerhafte Verwaltungshandlungen in der Zwischenzeit haftet der Erbteilserwerber (§ 2036 S. 2 mit §§ 1978 bis 1980 BGB), und zwar mit seinem Eigenvermögen (Staudinger/Werner § 2036 Rz 4). Die Verweisung auf §§ 1990, 1991 BGB ist ein Redaktionsversehen: da der Erwerber den Anteil nach Weitergabe nicht mehr in Händen hat, kann eine Beschränkung der Haftung auf den Erbteil nicht möglich sein.

VIII. Die Haftung der Miterben

1. System der Erbenhaftung im Allgemeinen

Das Erbenhaftungssystem des BGB ist unübersichtlich und variantenreich. Hier können nur die Grundzüge dargestellt werden. Zunächst kommt es darauf an, ob der Erbe (Miterbe) die Erbschaft angenommen hat (ausdrücklich oder durch Fristablauf; S. 7). Hat der Miterbe die Erbschaft angenommen, gelten bis zur Teilung andere Regeln, als wenn geteilt ist. Kein Problem mit der Erbenhaftung hat, wer die Erbschaft ausgeschlagen hat (S. 9).

Vor Annahme der Erbschaft: Erbe wird man automatisch mit dem Erbfall (§ 1922 BGB). Man hat aber das Recht, die Erbschaft auszuschlagen (S. 9), dann ist sie dem „Erben" rückwirkend nicht angefallen. Deshalb kann vor der Annahme der Erbschaft weder der Erbe noch der Miterbe von den Nachlassgläubigern in Anspruch genommen werden (§ 1958 BGB); denn er könnte ja noch ausschlagen. Zieht sich die Annahme hin, etwa weil die Wirksamkeit einer Annahmeerklärung noch geklärt werden muss oder die Erben unbekannt sind, bleibt dem Gläubiger vorerst nur die Möglichkeit, die Bestellung eines Nachlasspflegers zu beantragen (§ 1961 BGB) und dann „die unbekannten Erben des ...", gesetzlich vertreten durch den Nachlasspfleger Y, zu verklagen.

Nach der Annahme der Erbschaft ist zu unterscheiden, ob der Nachlass schon geteilt ist oder noch nicht:

Haftung der Miterben vor der Teilung	Haftung der Miterben nach der Teilung
Zwei Vermögensmassen: ungeteilter Nachlass sowie Eigenvermögen des Erben einschl. Miterbenanteil	Beim Miterben gibt es nur noch *eine* Vermögensmasse.
Gesamthänderische Haftung nur mit dem Nachlass, § 2059 Abs. 2 BGB	§ 2059 Abs. 2 BGB ist nicht mehr anwendbar.

Haftung der Miterben vor der Teilung	**Haftung der Miterben nach der Teilung**
Gesamtschuldnerische Haftung mit Nachlassanteil und Eigenvermögen, beschränkbar nach §§ 1973–1975, 1989, 1990 und beschränkt nach § 2059 Abs. 1 S. 1 BGB auf den Nachlassanteil	Gesamtschuldnerische Haftung mit Gesamtvermögen. Die allgemeinen Haftungsbeschränkungsmöglichkeiten gelten; eingeschränkt durch § 2062 BGB: keine Nachlassverwaltung mehr möglich. § 2059 Abs. 1 S. 1 BGB gilt nicht mehr.
Falls gesamtschuldnerische Haftung unbeschränkbar geworden ist: • Haftung mit Erbanteil, § 2059 Abs. 1 S. 1 BGB und • anteilig mit Privatvermögen, § 2059 Abs. 1 S. 2 BGB	Die gesamtschuldnerische Haftung, die unbeschränkbar geworden ist, bleibt bestehen. § 2059 Abs. 1 S. 2 BGB ist nicht mehr anwendbar.
	In den Fällen §§ 2060, 2061 BGB Haftung nur in Höhe der Erbquote mit dem Privatvermögen

Die §§ 2058 ff regeln die Haftung im Außenverhältnis und ergänzen die allgemeinen Regeln der §§ 1967 ff über die Haftung des Erben. Die Haftung im Innenverhältnis richtet sich nach § 2046 BGB.

2. Haftung der Miterben vor der Teilung

Die Miterben haften für die gemeinschaftlichen Nachlassverbindlichkeiten als Gesamtschuldner (§ 2058 BGB); der Gläubiger kann also nach Gutdünken alle Miterben als Gesamtschuldner verklagen, er kann sich auch nur einen oder mehrere Miterben heraussuchen und diese auf den **vollen Betrag** verklagen (§ 421 BGB), also nicht nur auf einen der Erbquote entsprechenden Teilbetrag.

Beim Miterben sind zwei Vermögensmassen zu unterscheiden: der ungeteilte Nachlass als Gesamthandsvermögen (also nicht die Einzelgegenstände oder Anteile daran) und das Eigenvermögen des Erben (wozu auch der Miterbenanteil als Vermögensgegenstand gehört).

Je nach Sachlage und sich daraus ergebendem Klage- und Vollstreckungsziel kommt für den Nachlassgläubiger eine von zwei Möglichkeiten in Betracht: Gesamthandsklage oder Gesamtschuldklage; die Bezeichnungen sind missverständlich, weil dies nicht verschiedene Klagearten sind; auch können in beiden Fällen alle oder nur einzelne Erben verklagt werden. Allenfalls im Klageantrag (und Urteilstenor) kann ein Unterschied erkennbar sein.

a) Gesamthänderische Haftung bis zur Teilung des Nachlasses

Im Fall der sog. Gesamthandsklage will der Kläger (Gläubiger) etwas, was die Erben *nur* in ihrer Verbundenheit als Gesamthand aus dem ungeteilten Nachlass erbringen können, wie zB die Auflassung eines Nachlassgrundstücks, eine Grundbuchberichtigung, die Löschung eines im Grundbuch eingetragenen Widerspruchs, weil wegen § 2040 BGB nur alle Erben gemeinsam „verfügen" und also den Anspruch nur gemeinsam erfüllen können. Die einzelnen Miterben können das Nachlassgrundstück nicht „als Gesamtschuldner" leisten, weil sie nicht Bruchteilseigentümer etc sind, sondern im Grundbuch „als Erbengemeinschaft" eingetragen sind (§ 47 GBO). Der Nachlassgläubiger muss wegen § 747 ZPO alle Miterben verklagen (nicht „die Erbengemeinschaft", weil diese nicht rechtsfähig, nicht passiv parteifähig ist); ein Miterbe, der mit dem Begehren des Klägers einverstanden ist, muss aber nicht verklagt werden. Die Miterben sind notwendige Streitgenossen im Sinne von § 62 ZPO (sie können sich also grds im Prozess nur einheitlich verhalten). Auch bei der Gesamthandsklage kann auf Antrag der Vorbehalt, dass nur mit dem Nachlass gehaftet werde, ins Urteil aufgenommen werden, obwohl er wenig Sinn hat.

b) Gesamtschuldnerische Haftung bis zur Teilung des Nachlasses

Will der Nachlassgläubiger dagegen Geld, kann sowohl aus dem Nachlass wie aus dem Eigenvermögen erfüllt werden; dem Gläubiger ist dies gleichgültig. Er wird in der Regel alle Miterben als Gesamtschuldner auf Zahlung verklagen (§§ 2058, 421 S. 1), weil die Klage gegen nur einen Miterben nicht billiger ist; er kann bei einem Titel gegen *alle* Miterben in die einzelnen Nachlassgegenstände vollstrecken (§ 747 ZPO). Außerdem hat er dann die Chance, auch in das Privatvermögen der Miterben vollstrecken zu können.

Die Miterben sind, wenn sie als Gesamtschuldner auf Zahlung verklagt werden, keine notwendigen Streitgenossen im Sinne von § 62 ZPO; wegen § 425 Abs. 2 BGB sind sie nur einfache Streitgenossen (§ 59 ZPO).

aa) Wenn der Miterbe noch beschränkbar haftet

Solange der Miterbe noch beschränkbar haftet (also in der Regel) gilt: Bis zur Teilung hat jeder Miterbe ein besonderes Verweigerungsrecht. Er haftet nur mit seinem Anteil am Nachlass, nicht mit seinem Eigenvermögen (§ 2059 Abs. 1 S. 1 BGB). Das wird aber nicht von Amts wegen berücksichtigt; es handelt sich um eine **Einrede,** die vom verklagten Miterben im Prozess zu erheben ist und dann vom Gericht im Urteil vorzubehalten ist (§ 780 ZPO: „Der Beklagte wird verurteilt, an den Kläger … zu zahlen …. Dem Beklagten wird die Beschränkung seiner Haftung auf den Nachlass des … vorbehalten"). Wenn der Gläubiger vernünftig ist, vollstreckt er dann nur in den Erbteil (§ 859 Abs. 2 ZPO). Er kann aber trotz des Vorbehalts in das gesamte Vermögen des Miterben vollstrecken. Tut er das, kann der Beklagte (Miterbe) durch eine neue Klage nach §§ 785, 781, 767 ZPO die beschränkte Haftung (nämlich nur mit dem Erbanteil) geltend machen. In der Praxis wird die Einrede nicht erhoben, wenn der Nachlass so liquide ist, dass die Forderung befriedigt werden kann.

Wenn der Gläubiger *alle* Miterben verklagt und gegen alle obsiegt, kann er in einzelne Nachlassgegenstände vollstrecken (§ 747 ZPO), nicht mehr nur in die einzelnen Erbanteile. Hat der Gläubiger *alle* Miterben verklagt und haben alle mit Erfolg die Einrede des § 2059 Abs. 1 S. 1 BGB/§ 780 ZPO erhoben, kann der Gläubiger letztlich nicht in das Privatvermögen der Miterben vollstrecken.

bb) Wenn der Miterbe bereits unbeschränkt haftet

Haftet der Miterbe bereits unbeschränkt (also auch mit seinem Eigenvermögen), steht ihm das Verweigerungsrecht nach § 2059 Abs. 1 S. 1 nicht mehr zu (§ 2059 Abs. 1 S. 2 BGB). Ein Miterbe haftet *allen* Gläubigern zB dann unbeschränkt (vgl § 2013 BGB),

(1) wenn er die ihm vom Nachlassgericht (nicht: von Gläubigern) gesetzte Frist zur Errichtung eines Nachlassverzeichnisses versäumt hat (§§ 1994 Abs. 1 S. 2, 2005 BGB); ein privat erstelltes Inventar genügt in diesem Falle übrigens nicht, je nach Landesrecht ist ein Notar (oder Nachlassgericht oder Gerichtsvollzieher) hinzu zu ziehen (§ 2002 BGB).

(2) Führt der Erbe bzw Miterbe absichtlich (!) eine erhebliche Unvollständigkeit des Inventars herbei oder erfindet er in der Absicht, die Nachlassgläubiger zu benachteiligen, Nachlassverbindlichkeiten, haftet er ebenfalls unbeschränkt (§ 2005 Abs. 1 BGB).

(3) Verweigert ein Erbe bzw Miterbe die eidesstattliche Versicherung der Richtigkeit des Inventars haftet er ebenfalls unbeschränkt (§ 2006 Abs. 3 BGB).

Daneben ist es möglich, dass der Erbe bzw Miterbe nur *einzelnen* Gläubigern gegenüber unbeschränkt haftet. Solche Inventaranträge sind sehr seltene Fälle. Sollte ein Nachlassgläubiger einen Inventarantrag beim Nachlassgericht stellen, ist die Beiziehung eines Anwalts ratsam.

Haftet ein Miterbe nach diesen Grundsätzen unbeschränkt, muss er trotzdem nicht voll mit seinem Eigenvermögen für eine Nachlassverbindlichkeit einstehen, sondern nur in Höhe seiner Erbquote; denn wegen der noch nicht vollzogenen Teilung besteht noch ein Sondervermögen „Nachlass", so dass dem Gesetzgeber die Interessen der Nachlassgläubiger ausreichend gewahrt erschienen.

Beispiele: (1) Die Sparkasse G hat eine Forderung von 30.000 € gegen E; E stirbt und wird von A, B, C zu je 1/3 beerbt. Der Nachlass ist noch nicht geteilt. Wenn die Sparkasse nur A auf Zahlung von 30.000 € verklagt, ist zu unterscheiden: (a) Wenn A den Vorbehalt der Haftungsbeschränkung (§ 2059 Abs. 1 S. 1 BGB) nicht erhebt (zB weil er dies vergisst), kann die Sparkasse in das Eigenvermögen des A und in seinen Erbanteil vollstrecken. (b) Wenn von A der Haftungsvorbehalt erhoben wird und im Urteil steht, kann die Sparkasse letztlich nur in den Erbteil vollstrecken. (2) Wenn die Sparkasse A, B und C als Gesamtschuldner auf Zahlung von 30.000 € verklagt (so wird es in der Praxis gemacht), kann sie im Falle (a) in das Eigenvermögen von A, B und C sowie in die einzelnen Nachlassgegenstände vollstrecken (§ 747 ZPO); im Falle (b) kann sie letztlich nur in die einzelnen Nachlassgegenstände vollstrecken (da ein Titel gegen *alle* vorliegt, entfällt der Umweg über die Pfändung der Erbanteile). (3) Die Sparkasse G hat eine Forderung von 30.000 € gegen E; E stirbt und wird von A, B, C zu je $1/3$ beerbt. A haftet bereits unbeschränkt, weil er das vom Nachlassgericht geforderte Inventar nicht errichtet hat (§ 1994 Abs. 1 S. 2 BGB), also der Verdacht besteht, dass er Nachlassvermögen verschweigt. Dann kann die Sparkasse G in den Miterbenanteil des A vollstrecken (§ 859 Abs. 2 ZPO) und in sein sonstiges Eigenvermögen wegen 10.000 € (§ 2059 Abs. 1 S. 2 BGB), also $1/3$ von 30.000 €.

cc) Gesamtschuldklage – Gesamthandsklage

Gesamtschuldklage, § 2059 Abs. 1	**Gesamthandsklage,** § 2059 Abs. 2
Verklagt werden: einer, mehrere oder alle Miterben als Gesamtschuldner	Verklagt werden müssen in der Regel alle Miterben als Mitglieder der Gesamthand.
Beispiel: Zahlung	Beispiele: Klage auf Auflassung eines Grundstücks und Bewilligung der Grundbucheintragung; Zustimmung zur Grundbuchberichtigung.
Es kann die Vollstreckung in das Eigenvermögen erreicht werden, wenn die Erben den Haftungsvorbehalt nicht einwenden. Sonst nur Vollstreckung in den Erbanteil (§ 859 Abs. 2 ZPO). Bei Verklagung aller Miterben Vollstreckung in einzelne Nachlassgegenstände möglich.	Es kann nur die Vollstreckung in den ungeteilten Nachlass erreicht werden.
Miterben sind grundsätzlich einfache Streitgenossen.	Miterben sind grundsätzlich notwendige Streitgenossen.

3. Haftung der Miterben nach der Teilung des Nachlasses

Eine Teilung liegt vor, wenn die Erbengemeinschaft wirtschaftlich gesehen aufgelöst ist; wenn Grundstücke, Wertpapiere usw aufgeteilt sind und nur noch einige Bücher ungeteilt auf dem Dachboden des Erblassers liegen, ist im Rechtssinne „geteilt". Wenn die Teilung nur deshalb hinausgezögert wird, um die Vorteile (nämlich: kein Zugriff auf das Privatvermögen) zu erhalten, wird man das als Rechtsmissbrauch auffassen müssen.

Nach Teilung gibt es beim Miterben gibt es nur noch *eine* Vermögensmasse (die zugeteilten Erbstücke und das bisherige Privatvermögen liegen beisammen; § 2059 Abs. 2 BGB ist nach seinem Wortlaut nicht mehr anwendbar.

a) Volle Haftung

Die gesamtschuldnerische Haftung der Miterben bleibt auch nach der Teilung bestehen (§ 2058 BGB), beschränkbar nach den allgemeinen Regeln (§§ 1973–1974, 1989, 1990; eine gerichtliche Nachlassverwaltung gemäß § 1975 kann nicht mehr beantragt werden; § 2062), wohl aber noch ein Insolvenzverfahren (§ 316 Abs. 2 InsO). § 2059 Abs. 1 S. 1 („bis zur Teilung ..." kann jeder Miterbe Zahlung aus seinem Privatvermögen verweigern) ist nicht mehr einschlägig. Diese Regelung findet ihre Rechtfertigung in § 2046 BGB: aus dem Nachlass sind zunächst die Nachlassverbindlichkeiten zu berichtigen. Die Miterben sollen also Nachlassgegenstände verkaufen und alle Verbindlichkeiten zahlen und erst dann sollen die Miterben teilen. Halten sie sich nicht an diese Reihenfolge, sondern teilen vor Schuldentilgung, sind sie nicht schutzwürdig.

Beispiel: A, B und C sind Miterben zu 1/3. Der Nachlass besteht in wertvollen Antiquitäten im Wert von über 100.000 €. Die Schulden des Erblassers betragen 30.000 €. A, B und C teilen die Antiquitäten unter sich auf, ohne den Gläubiger bezahlt zu haben. Der Gläubiger kann alle drei Miterben auf Zahlung von 30.000 € verklagen oder auch nur einen der drei (zB den A) auf Zahlung der 30.000 €. Muss A zahlen, kann er versuchen, sich von den anderen Miterben jeweils 10.000 € zu holen (§ 426 BGB); misslingt das, hat A den Schaden; er hätte einer Teilung vor Schuldenzahlung nicht zustimmen sollen.

Vor Teilung sollte also jeder Miterbe darauf bestehen, dass die Nachlassverbindlichkeiten beglichen werden oder mit den Gläubigern vereinbart wird, welcher Miterbe für die Schulden weiterhaftet.

b) Anteilige Haftung

Ausnahmsweise haftet ein Miterbe nur für den Teil der Schuld, der seiner Erbquote entspricht, wenn (1) ein Gläubiger im **gerichtlichen Aufgebotsverfahren** ausgeschlossen wurde (§ 2060 Nr. 1 BGB), wenn der Gläubiger bestimmte Fristen versäumt hat (§ 2060 Nr. 2 BGB) oder wenn das eröffnete Nachlassinsolvenzverfahren durch Verteilung der Masse etc beendet wurde (§ 2060 Nr. 3 BGB; die Einstellung des Insolvenzverfahrens nach §§ 207, 213 InsO hat diese Wirkung nicht). Gleiches gilt, wenn (2) der Miterbe in bestimmter Weise die Gläubiger *privat* im Bundesanzeiger etc aufgefordert hat und keine Anmeldung erfolgt (§ 2061 BGB); wegen der hohen Inseratskosten ist das teuer.

c) Anteilige Haftung aufgrund Vereinbarung mit dem Gläubiger

Auch nach der Teilung haftet ein Miterbe nur mit einem bestimmten Betrag, wenn dies vorher mit einem Gläubiger vereinbart wurde und dieser also die anderen Miterben aus der Haftung entlässt.

Beispiel: A, B und C sind Miterben zu je 1/3. Zum Nachlass gehören drei Häuser, die jeweils mit valutierten Grundschulden zugunsten einer Bank belastet sind; in dieser Höhe war der Erblasser Darlehensschuldner. Die Miterben wollen die drei Häuser unter sich aufteilen. Hier kann zB mit der Bank vereinbart werden, dass jeder Miterbe nur noch mit dem Teil der Schulden persönlich haftet, wie die jeweilige Grundschuld valutiert ist.

4. Überblick: Haftungsbeschränkung

Ausschlagung	Antrag auf Nachlassverwaltung	Antrag auf Insolvenzeröffnung	Dürftigkeitseinrede
Beseitigt die Erbenstellung und damit grds die Haftung des Erben. S. 9	Setzt ausreichend Masse voraus, beseitigt die Haftung, gibt aber die Chance auf Erlös aus der Erbschaft. S. 81	Setzt ausreichend Masse und eine Überschuldung des Nachlasses voraus, beseitigt die Haftung. S. 92	Beschränkt die Haftung auf den Nachlass. S. 96

5. Haftungsbeschränkung durch gerichtlich angeordnete Nachlassverwaltung

Durch die Anordnung der Nachlassverwaltung werden rückwirkend Eigenvermögen des Erben und geerbtes Vermögen getrennt. Der Nachlass wird nun nicht mehr vom Erben, sondern vom Nachlassverwalter verwaltet. Die Nachlassgläubiger können nur noch aus dem Nachlass Befriedigung fordern, die Eigengläubiger des Erben nur noch aus dessen Eigenvermögen (vgl § 1984 BGB); das Eigenvermögen des Erben wird also geschützt.

Beispiel: E hat Einfamilienhäuser gebaut und verkauft. Er hinterlässt acht Rohbauten und hohe Schulden. Wenn die Häuser günstig fertig gebaut und teuer verkauft werden können, wird 1 Million € übrig bleiben; wenn dies nicht gelingt, ist der Nachlass erheblich überschuldet. Wenn die drei Miterben die Erbschaft ausschlagen, haben sie die Chance, etwas zu erben, vertan. Eine Lösung ist der Antrag, einen Nachlassverwalter vom Gericht einsetzen zu lassen, der den Fertigbau und den Verkauf der Häuser übernimmt. Im schlimmsten Fall (Nachlassinsolvenz) bleibt ihnen dann nichts aus der Erbschaft, die Haftung der Erben ist aber auf das geerbte Vermögen beschränkt (§ 1975 BGB), ihr Eigenvermögen bleibt also unangetastet. Ein Nachteil für den Erben sind allerdings die erheblichen Kosten der Nachlassverwaltung (deshalb kommt sie in der Praxis selten vor); denn wenn das Aktivvermögen zB 65.000 € beträgt, die Schulden eventuell 60.000 €, die Verwaltung aber 5.000 € kostet, dann bleibt für die Erben nichts; es kann sogar zum Insolvenzverfahren kommen. Das ist der Preis für die Chance.

a) Voraussetzungen und Beginn der Nachlassverwaltung

aa) Antrag aller Erben

Auf Antrag des Alleinerben ist durch Beschluss des Rechtspflegers des örtlich zuständigen Nachlassgerichts (§ 73 FGG) die Nachlassverwaltung anzuordnen und ein Nachlassverwalter (zB ein Rechtsanwalt) zu bestellen (§ 1981 Abs. 1 BGB). **Miterben** können den Antrag nur gemeinschaftlich stellen (§ 2062 BGB). Ein Mehrheitsbeschluss (vgl § 2038 BGB) ist hier nicht möglich (MünchKomm-Heldrich § 2062 Rz 3). Will die Mehrheit der Miterben den Antrag stellen, die Minderheit aber nicht, sind die antragswilligen Miterben nicht ungeschützt: denn bis zur Teilung haftet nur der Nachlass, nicht das Eigenvermögen der Miterben (§ 2059 Abs. 1 S. 1 BGB); außerdem können die antragswilligen Miterben die Auseinandersetzung bis zur Ermittlung der Nachlassgläubiger durch Aufgebotsverfahren (§§ 2045, 2061, 1970 BGB) verweigern.

Der Antrag kann nur *vor* der Teilung des Nachlasses gestellt werden, ab Teilung ist die Anordnung der Nachlassverwaltung ausgeschlossen (§ 2062 BGB). Denn nach § 2046 BGB sind vor Teilung zunächst die Nachlassverbindlichkeiten zu „berichtigten“, dh zu bezahlen; nach (somit unerlaubter) Teilung gelten die Miterben nicht mehr als schutzwürdig.

Das Antragsrecht ist verloren, wenn auch nur **ein Miterbe** den Gläubigern gegen unbeschränkbar haftet (§ 2013 Abs. 1 S. 1 Halbs. 2, Abs. 2 BGB); vgl S. 77.

Ein gemeinsamer Antrag der Miterben muss zum Zeitpunkt der Entscheidung des Nachlassgerichts noch vorliegen; stellen alle Erben den Antrag und nimmt dann ein Miterbe den Antrag zurück, ist keine Anordnung der Nachlassverwaltung mehr möglich (da aber § 2062 BGB nur darauf abstellt, ob der ursprüngliche Antrag gemeinschaftlich gestellt war, wird auch die gegenteilige Auffassung vertreten; Nachw. bei MünchKomm-Heldrich § 2062 Rz 4).

Wenn ein Miterbe zugleich Nachlassgläubiger ist (etwa weil er dem Erblasser früher ein Darlehen gab), kann er den Antrag *als Gläubiger* stellen (soweit die zusätzlichen Voraussetzungen von § 1982 Abs. 2 BGB vorliegen); dann entfällt das Erfordernis eines gemeinschaftlichen Antrags.

Zeitliche Grenze: Eine solche besteht für den Antrag der Miterben nicht (anders beim Antrag des Gläubigers, vgl § 1981 Abs. 2 S. 2 BGB). Weil aber die Erben für die bisherige Verwaltung verantwortlich sind (s. unten S. 88) ist längerer Zeitablauf nicht günstig. Ein Nachlassinsolvenzverfahren darf jedoch noch nicht eröffnet sein (§ 1988 Abs. 1 BGB) und kein Miterbe darf noch nicht gegenüber **allen Nachlassgläubigern** unbeschränkbar haften (§ 2013 Abs. 1 S. 1, Abs. 2 BGB; er haftet zB unbeschränkbar, wenn er die ihm gesetzte Inventarfrist versäumt hat, § 1994 Abs. 1 S. 2 BGB; S. 77).

Ausreichend Masse: Voraussetzung der Anordnung ist ferner, dass genügend „Masse“ im Nachlass vorhanden ist, also Mittel, um die Gerichtskosten einschließlich Veröffentlichungskosten (§ 1983 BGB) sowie Vergütung und Auslagen des Verwalters bezahlen zu können; § 1982 BGB („kann“ ist als „muss“ zu lesen). Das sind mindestens einige tausend Euro. Ist nicht ausreichend Masse vorhanden (oder schießen sie die Miterben nicht aus ihrem Privatvermögen ein), gibt es keine Nachlassverwaltung. Dann bleibt den Erben nur die Dürftigkeitseinrede nach § 1990 BGB (S. 96).

Mögliche **Überschuldung des Nachlasses** hindert die Antragstellung und Anordnung zwar nicht; doch muss der Verwalter (sobald er die Überschuldung erkennt oder sie eintritt) sogleich die Eröffnung des Nachlassinsolvenzverfahrens beantragen (§§ 1980, 1985 Abs. 2 BGB).

Rechtsmittel: §§ 19, 76 Abs. 1 FGG (Beschwerde gegen Anordnung unzulässig, gegen Ablehnung zulässig).

bb) Antrag eines Nachlassgläubigers

Das Antragsrecht der Gläubiger ist zeitlich (zwei Jahre) und sachlich beschränkt (§ 1981 Abs. 2 BGB; Beispiel: leichtsinnige Verschleuderung des Nachlasses durch den Erben); der Gläubiger kann den Antrag auch noch stellen, wenn der Erbe schon unbeschränkt haftet (§ 2013 Abs. 1 S. 1 nennt § 1981 Abs. 2 nicht). **Rechtsmittel:** §§ 19, 76 Abs. 2 FGG (Beschwerde zulässig).

b) Die Tätigkeit des Nachlassverwalters

aa) Amtsbeginn

Mit Bekanntmachung des Beschlusses gegenüber den Erben wird die Nachlassverwaltung wirksam (§ 16 FGG); damit verlieren die Erben die Verwaltungs- und Verfügungsbefugnis über den Nachlass (§ 1984 BGB) und der Verwalter erlangt sie. Die Veröffentlichung der Anordnung (§ 1983 BGB) ist kein Wirksamkeitserfordernis. Auf Antrag des Verwalters (§ 13 Abs. 2 GBO) wird die Nachlassverwaltung im Grundbuch eingetragen, weil sie eine Verfügungsbeschränkung darstellt (§ 1984 BGB); eine den § 32 InsO, § 52 GBO entsprechende Vorschrift fehlt allerdings.

bb) Stellung des Nachlassverwalters

Der Verwalter hat eine dem Insolvenzverwalter ähnliche Stellung (vgl § 1984 Abs. 1 S. 2 BGB), er ist wie dieser Amtsträger. Seine Stellung und Aufgaben richten sich nach §§ 1975 ff BGB, hilfsweise (wegen §§ 1975, 1915 BGB) nach Vormundschaftsrecht (§§ 1773 ff BGB), wobei allerdings jeweils das Nachlassgericht zuständig ist (§ 1962 BGB). Er ist nicht gesetzlicher Vertreter der Erben. Im Prozess ist er Partei kraft Amts (der Name des Erben taucht im Urteilsrubrum nicht auf, wohl aber der Name des Erblassers). Eine Klage des Nachlassgläubigers ist also zu richten gegen „X, als Nachlassverwalter im Nachlass des Y“. Folge ist, dass der Verwalter dem Nachlassgericht ein Verzeichnis des Nachlasses einzureichen hat (§ 1802 BGB), jährlich Rechnung zu legen hat (§§ 1840, 1841, 1843 BGB), der Aufsicht des Nachlassgerichts unterliegt (§ 1837 BGB) und vor allem, dass er zu bestimmten Geschäften die Genehmigung des Nachlassgerichts braucht (§§ 1821, 1822 BGB). Die Regeln über die Anlage von Mündelgeld (§ 1807 BGB) hat er zu beachten, Schenkungen darf er nicht machen (vgl § 1804 BGB), Selbstkontrahieren ist verboten (§ 1795 Abs. 2, 181 BGB: also darf er Nachlassgegenstände nicht selbst erwerben).

§§ 1812, 1813 BGB sind wegen des Zwecks der Nachlassverwaltung nicht anwendbar. Er kann vom Gericht (nicht von den Erben) entlassen werden (§ 1886 BGB). Ein Nachlasspfleger ist nicht dasselbe wie ein Nachlassverwalter.

Nachlassverwalter, § 1975 BGB	**Nachlasspfleger,** §§ 1960, 1961 BGB
Verwalter ist Träger eines Amts, Partei kraft Amts	Gesetzlicher Vertreter der unbekannten Erben
Nie Anordnung von Amts wegen; nur auf Antrag des Erben oder eines Gläubigers	Bestellung von Amts wegen (§ 1960) oder auf Antrag eines Gläubigers (§ 1961)
Beim Antrag des Erben keine besonderen Anordnungsvoraussetzungen, ausgenommen ausreichend Masse	Bei Anordnung von Amts (§ 1960) wegen ist Voraussetzung ein Bedürfnis nach Fürsorge für den Nachlass; beim Gläubigerantrag § 1961
Aufgabe ist die Verwaltung des Nachlasses und Befriedigung der Nachlassgläubiger, Aushändigung des Rests an die Erben (§ 1986)	Aufgabe ist grds nur die Sicherung und Verwaltung des Nachlasses bis zum Auftauchen der Erben, Ermittlung der Erben, grds nicht die Befriedigung der Gläubiger
Kosten der Verwaltung zahlt der Erbe (dh der Nachlass)	Kosten zahlt der Erbe, bei mittellosem Nachlass der Staat

cc) Verwaltung, Verfügungen

Die Erben bleiben Eigentümer des Nachlasses. Aber nur noch der Verwalter hat die Verwaltungs- und Verfügungsbefugnis (§ 1984 Abs. 1 S. 1 BGB), ähnlich wie ein Insolvenzverwalter (vgl § 80 InsO). Er hat den Nachlass zu verwalten und die Nachlassverbindlichkeiten aus dem Nachlass zu berichtigen (§ 1985 Abs. 1 BGB); er wickelt also die Geschäfte ab und verkauft soviel Nachlassgegenstände, dass die Gläubiger bezahlt werden können. Seine Befugnisse sind aber nicht auf Abwicklungshandlungen beschränkt; er kann zB einen Mietvertrag über eine längere Dauer schließen. Die Erbauseinandersetzung gehört nicht zu seinen Aufgaben (übrigens auch nicht zu den Aufgaben des Nachlasspflegers).

Der Nachlassverwalter hat die **Nachlassgläubiger** zu ermitteln, notfalls durch Aufgebot (§§ 1970ff BGB). Vor Zahlung an Gläubiger muss er wegen §§ 1979, 1985 Abs. 2 S. 2 BGB aber sorgfältig ermitteln, wie hoch das Aktivvermögen ist, dh ob voraussichtlich alle Gläubiger befriedigt werden können; wenn dies der Fall sein wird, wird ausbezahlt; andernfalls ist Insolvenzantrag zu stellen. Den Nachlassgläubigern muss er über den Bestand des Nachlasses Auskunft erteilen (§ 2012 Abs. 2, Abs. 1 S. 2 BGB). Die Nachlassgläubiger können gegen den Verwalter klagen und dann in den Nachlass vollstrecken; Eigengläubiger der Erben hingegen nicht (§ 1984 Abs. 2 BGB). Er **verwaltet** den Nachlass.

Beispiel: Nachlassverwalter V führt die zum Nachlass gehörige Buchhandlung fort. Das ist zulässig, im Rahmen der Verwaltungstätigkeit sind ihm nicht nur Abwicklungen erlaubt. Gewinne fallen in den Nachlass. Nun kauft V 1.000 Stück eines Bestsellers, kann aber nur 30 im Laden verkaufen; dadurch entsteht ein Schaden von 20.000 €. Wenn darin eine schuldhafte Pflichtverletzung zu sehen ist (Gutachterfrage!), haftet V den Gläubigern (§ 1985 Abs. 2 S. 1 BGB).

Die **Gutglaubensschutzregeln gelten** zum Teil (§ 1984 Abs. 1 S. 2 verweist auf §§ 81, 82 InsO, also u.a. auf §§ 892, 893 BGB).

Beispiele: (1) Nach Anordnung der Nachlassverwaltung treten die Erben (unberechtigt!) eine vom Erblasser geerbte Forderung an X ab. Die Abtretung (§ 398 BGB) ist unwirksam, § 1984 Abs. 1 S. 2 mit § 81 Abs. 1 S. 1 InsO. (2) Nach Anordnung der Nachlassverwaltung veräußern die Erben noch schnell ein Nachlassgrundstück an K, der von der Nachlassverwaltung nichts weiß; im Grundbuch ist sie noch nicht eingetragen. K kann gutgläubig Eigentum erwerben, § 81 Abs. 1 S. 2 InsO, § 892 BGB. Wenn der Verwalter die Eintragung der Verwaltung im Grundbuch verzögerte, haftet er eventuell. Vgl. S. 87.

dd) Erloschene Rechtsverhältnisse

Die Anordnung der Nachlassverwaltung wirkt grundsätzlich nur ab jetzt (ex nunc); in einigen Fällen spaltet sie aber **rückwirkend** das Eigenvermögen des Erben vom Nachlass ab (Vermögens-Separation), indem bestimmte erloschene Rechtsverhältnisse (etwa ein Darlehen, wenn der Erbe dem Erblasser ein Darlehen gab) rückwirkend als nicht erloschen behandelt werden (§ 1976 BGB). Zur Aufrechnung vgl § 1977 BGB.

ee) Haftung des Nachlassverwalters

Zwischen dem Verwalter und den Erben besteht ein gesetzliches Schuldverhältnis, ebenso zwischen dem Verwalter und den Nachlassgläubigern. Für Fehler haftet der Verwalter den Erben (§§ 1915, 1833 BGB), aber auch den Nachlassgläubigern (§ 1985 Abs. 2 S. 1 und 2 BGB). Die Ersatzansprüche der Erben und Gläubiger gehören zum Nachlass (§ 1978 Abs. 2 BGB) und werden nach Entlassung des Verwalters von einen Nachfolge-Nachlassverwalter oder dem folgenden Nachlass-Insolvenzverwalter gegen den ersten Verwalter, der den Fehler gemacht hat, geltend gemacht. Erst nach Aufhebung der Nachlassverwaltung können die einzelnen Nachlassgläubiger gegen den Verwalter selbst vorgehen.

Beispiel: Nachlassverwalter V hat die andrängenden Nachlassgläubiger Nr. 1 und 2 bezahlt, ohne sich eine Übersicht über Vermögen und Schulden zu machen. Für die Gläubiger Nr. 3 bis 10 ist deshalb plötzlich kein Geld mehr da, der Nachlass ist zahlungsunfähig. Der leichtsinnige V durfte nicht von Zulänglichkeit des Nachlasses ausgehen (§§ 1979, 1985 Abs. 2 S. 2 BGB), und haftet somit den Gläubigern persönlich (§ 1978 BGB).

ff) Vergütung des Nachlassverwalters

Der Verwalter hat Anspruch auf Vergütung (§ 1987 BGB) und Ersatz seiner Auslagen (§§ 1835, 1975, 1915 Abs. 1 BGB). Die eine Meinung rechnet nach Prozentsätzen des Brutto-Nachlasses (1% bis 5%) ab (MünchKomm-Siegmann BGB § 1987 Rz 1), die zutreffende Ansicht nach Stundenlohn (OLG München Rpfleger 2006, 405), wobei Stundenlöhne zwischen 70 und 150 Euro zuzüglich Umsatzsteuer in Betracht kommen. Die Vergütung wird auf Antrag des Verwalters durch Beschluss des Nachlassgerichts (Rechtspfleger) festgesetzt (§§ 56g Abs. 1, 7, 75 FGG); dagegen kann in bestimmten Fällen sofortige Beschwerde zum Landgericht eingelegt werden (§ 56g Abs. 5 FGG). Der Beschluss ist ein Vollstreckungstitel (§ 56g Abs. 6 FGG). **Auslagen** (wie Fahrtkosten) dagegen werden nicht vom Nachlassgericht festgesetzt (vgl § 56g Abs. 1 FGG), sondern vom Verwalter ohne weiteres dem Nachlass entnommen; bei Streit mit den Erben wegen der Höhe der Auslagen entscheidet je nach Höhe des Betrages das Amtsgericht bzw Landgericht. Die Höhe der Vergütung ist für die Miterben wichtig, weil der Betrag den Nachlass mindert.

c) Verantwortlichkeit der Erben für die bisherige Verwaltung

Ist Nachlassverwaltung vom Gericht angeordnet worden, dann wird rückwirkend zeitlich differenziert:

aa) Zeit ab Annahme der Erbschaft

Für die Zeit von der Annahme der Erbschaft bis zum Wirksamwerden der Anordnung der Nachlassverwaltung, während der die Erben den Nachlass verwaltet hatten, werden die Erben als Beauftragte der Nachlassgläubiger betrachtet (§ 1978 Abs. 1 S. 1 BGB); Folge: Anwendung von §§ 662ff BGB (dh Auftragsrecht), Schadensersatzpflicht nach §§ 280, 276 BGB; selbst gezogene Nutzungen haben die Erben herauszugeben (§§ 667, 1984 BGB); Rechenschaft hat er abzulegen (§§ 666, 259, 260 BGB). Für die Fehler von Nachlasspfleger und Testamentsvollstrecker haftet der Erbe nach § 278 BGB, aber nur mit dem Nachlass.

Beispiel: Die Miterben haben die Erbschaft angenommen, dann ist ihnen ein wertvolles Gemälde aus dem Nachlass (Wert 30.000 €) gestohlen worden; anschließend ist auf Antrag der Erben Nachlassverwaltung angeordnet und V zum Verwalter bestellt worden. Ein Nachlassgläubiger G fordert 30.000 € von V; im Nachlass ist nur noch wenig Geld. – Für die fahrlässige Verringerung des Nachlasses haften die Erben aus § 280 BGB, müssen also an den Verwalter V aus ihrem Eigenvermögen 30.000 € bezahlen (§ 1978 BGB), woraus G befriedigt wird. Die entscheidende Frage ist, ob die Miterben fahrlässig handelten (so ist es etwa, wenn sie die Nachlasswohnung versehentlich unversperrt ließen).

bb) Zeit vom Erbfall bis zur Annahme der Erbschaft

Für die vorherige Zeit vom Erbfall bis zur Annahme der Erbschaft wird Geschäftsführung ohne Auftrag angenommen (§ 1978

Abs. 1 S. 2 BGB), wenn die Erben den Nachlass verwaltet haben; Folge: Anwendung von §§ 677 bis 684, 259, 260 BGB.

Aus Auftrag bzw Geschäftsführung ohne Auftrag können die Gläubiger somit Ansprüche wegen Schlechtverwaltung gegen die Erben haben; die Ansprüche gelten als zum Nachlass gehörig (§ 1978 Abs. 2 BGB) und werden somit (nur) vom Nachlassverwalter verwaltet (§ 1985 Abs. 1, 2 S. 2 BGB), dh gegenüber den Erben (notfalls gerichtlich) geltend gemacht; hieraus können dann Gläubiger bezahlt werden.

Andererseits werden den Erben Aufwendungen (Porto, Fahrtkosten usw) aus der Zeit ihrer bisherigen Verwaltung ersetzt (§ 1978 Abs. 3 BGB), nicht aber eine Vergütung für ihren Zeitaufwand (vgl § 662 BGB).

d) Voreilige Berichtigung von Nachlassverbindlichkeiten durch den Erben

Die Erben haften, wenn es zur Anordnung der Nachlassverwaltung kommt, rückwirkend für die Zeit ab Annahme der Erbschaft wie wenn sie Beauftragte der Nachlassgläubiger gewesen wären (§ 1978 BGB). Hatten die Erben im Rahmen dieses fiktiven Auftrags Nachlassgläubiger **aus ihrem Eigenvermögen** befriedigt, dann können sie Ersatz dieser Aufwendungen aus dem Nachlass fordern (§ 1978 Abs. 3 BGB), aber wegen § 670 BGB an sich nur, wenn sie die Begleichung den Umständen nach im Interesse aller Nachlassgläubiger für erforderlich halten durften. Das schwächt § 1979 BGB zum Schutze des Erben geringfügig ab. Nach der Sonderregelung des § 1979 ist nämlich zu differenzieren:

aa) Berechtigte Annahme, der Nachlass reiche aus

Wenn die Erben den Umständen nach annehmen durften, dass der Nachlass zur Befriedigung aller Nachlassverbindlichkeiten ausreiche, dann können sie (falls sie ihr Eigenvermögen zur Schuldentilgung einsetzten) Ersatz dieser Aufwendung aus dem Nachlass (dh vom gerichtlich eingesetzten Nachlassverwalter) fordern. Falls sie den Gläubiger aus Nachlassmitteln bezahlten, müssen sie diese Mittel nicht an den Nachlass rückerstatten. Die Kernfrage ist, wann diese Annahme „berechtigt" ist und wann nicht.

Die Erben müssen also, bevor sie einen Nachlassgläubiger befriedigen, die Unterlagen genau durchsehen und überschlägig berechnen, wie viel der Nachlass wert ist und in welcher Höhe Nachlassverbindlichkeiten zu befriedigen sind. Haben die Erben Grund zur Annahme, das Vorhandensein unbekannter Nachlassverbindlichkeiten anzunehmen (vgl § 1980 Abs. 2 BGB), müssten sie sogar ein Gläubigeraufgebot zur Klärung beantragen.

bb) Keine berechtigte Annahme hierzu

Wenn die Erben nicht annehmen durften, dass der Nachlass zur Befriedigung aller Nachlassverbindlichkeiten ausreiche, hätten sie an sich die Gläubiger nicht befriedigen dürfen, sondern unverzüglich die Eröffnung des Nachlassinsolvenzverfahrens beantragen müssen (§ 1980 Abs. 1 S. 1 BGB), bzw, bei Mangel an Geld hierfür, die Dürftigkeitseinrede erheben müssen (§ 1990 BGB; vgl S. 96). Da sie dies nicht taten, sind sie der Gesamtheit der Gläubiger, wenn sie mit Mitteln des Nachlasses zahlten, schadensersatzpflichtig (§ 1978 BGB; die Geltendmachung erfolgt durch den Nachlassverwalter, §§ 1984, 1978 Abs. 2 BGB); wenn die Erben mit eigenen Mitteln zahlten, haben sie nur einen Bereicherungsanspruch gegen den Nachlass aus §§ 684, 1978 Abs. 3 BGB.

Beispiel: die Erben zahlten nach Annahme der Erbschaft an den lästigen Gläubiger G 1 sogleich 10.000 € aus dem Nachlass, obwohl 10 Gläubiger vorhanden waren; für die anderen Gläubiger haben sie dann nur noch mehr wenig Geld. Dann sind die Erben schadensersatzpflichtig (§ 1978); ein Nachlassgläubiger wird die Anordnung der Nachlassverwaltung beantragen und der Verwalter wird von den Erben Schadensersatz verlangen. Die genaue Berechnung des Schadens ist schwierig: hätten die Erben sogleich Insolvenzantrag gestellt, dann wäre (bei Eröffnung) die Quote der anderen Gläubiger größer gewesen, weil 10.000 € mehr in der Masse zum Verteilen gewesen wären.

cc) Anfechtungsgesetz

Eine Befriedigung des Gläubigers, die an sich wegen § 1979 BGB nicht hätte erfolgen dürfen, ist gleichwohl wirksam; die übrigen Gläubiger haben gegen ihn keine Ansprüche. Sowohl dann, wenn die Zahlung nach § 1979 BGB gerechtfertigt war wie auch wenn nicht, kann eine Anfechtung durch den Nachlassverwalter (weil er die Gläubigerinteressen bündelt, vgl § 1985) nach § 5 AnfG in Frage kommen; nach Insolvenzeröffnung ist Anfechtung durch den Insolvenzverwalter (§ 129 InsO) nach §§ 130ff, 322 InsO denkbar.

e) Prüfungspflicht des Nachlassverwalters

Auch der Nachlassverwalter muss vor einer Zahlung an Nachlassgläubiger sorgfältig prüfen, welcher Erlös bei der Verwertung der Aktiva zu erwarten ist und welche Verbindlichkeiten bereits vorhanden sind und noch entstehen können; andernfalls darf er nicht von Zulänglichkeit des Nachlasses im Sinne von § 1979 ausgehen und dann haftet er den Gläubigern persönlich (§§ 1978, 1979, 1985 Abs. 2 S. 2 BGB).

f) Ende der Nachlassverwaltung

Das Amt des Nachlassverwalters endet mit seiner Entlassung (§ 1886 BGB); dann wird ein anderer Verwalter bestellt. Die Nachlassverwaltung als solche hingegen endet u.a.: wenn das Nachlassgericht sie **durch Beschluss aufhebt** (§§ 1919, 1915, 1975 BGB). Das geschieht, wenn der Grund für ihre Anordnung weggefallen ist. Voraussetzung ist, dass die bekannten Nachlassverbindlichkeiten berichtigt sind (§ 1986 Abs. 1 BGB). Anschließend rechnet der Verwalter ab (§§ 1915 Abs. 1, 1890 BGB) und gibt den Erben das restliche Vermögen heraus. Meldet sich nun noch ein Gläubiger, haften an sich die Erben mit Nachlass *und* Eigenvermögen; doch können sie sich auf die Dürftigkeit des Nachlasses berufen (analog § 1990 BGB), ohne dass sie ein neues Nachlassverwaltungsverfahren beantragen müssten (BGH NJW 1954, 634); letztlich haftet der Miterbe also nicht mit seinem Privatvermögen. Die Nachlassverwaltung wird ferner aufgehoben, wenn eine **den Kosten entsprechende Masse nicht mehr vorhanden ist** (§ 1988 Abs. 2 BGB); die Aufhebung hat zur Folge, dass die Erben nur noch mit dem Nachlass haften (Dürftigkeitseinrede, §§ 1990, 1992 BGB; S. 96). Ein weiterer (und der häufigste) Aufhebungsgrund ist, dass das **Nachlassinsolvenzverfahren** eröffnet wurde (§ 1988 Abs. 1 BGB).

6. Beschränkung der Erbenhaftung durch Nachlassinsolvenz

a) Antragsrecht des Miterben

Die Haftung der Erben für die Nachlassverbindlichkeiten beschränkt sich auch dann auf den Nachlass, wenn das Nachlassinsolvenzverfahren eröffnet ist (§ 1975 BGB). Zuständig hierfür ist das Insolvenzgericht (§ 315 InsO), das ist eine Abteilung des Amtsgerichts. Jeder Miterbe hat für sich ein Antragsrecht (§ 317 Abs. 1 InsO). Haben die Erben von der Zahlungsunfähigkeit oder der Überschuldung des Nachlasses Kenntnis erlangt, haben sie unverzüglich die Eröffnung des Nachlassinsolvenzverfahrens zu beantragen (§ 1980 Abs. 1 S. 1 BGB), soweit ausreichend Masse vorhanden ist. Der Kenntnis steht die auf Fahrlässigkeit beruhende Unkenntnis gleich (§ 1980 Abs. 2 S. 1 BGB); das ist eine gefährliche Ausdehnung. Als Fahrlässigkeit gilt insbesondere, wenn die Erben das Aufgebot der Nachlassgläubiger nicht beantragten (S. 90), obwohl sie Grund hatten, das Vorhandensein unbekannter Nachlassverbindlichkeiten anzunehmen (§ 1980 Abs. 2 S. 2 BGB).

Beispiele: (1) Nach dem Erbfall sortieren die Miterben die Unterlagen und stellen fest, dass 20.000 € auf den Konten sind, die Schulden aber 40.000 € betragen. Sie müssen Insolvenzantrag stellen, wenn keine Ausschlagung der Erbschaft mehr möglich ist. (2) Die Miterben können versuchen, sich mit allen Gläubigern dahin zu einigen, dass alle mit 50% zufrieden sind und den Rest erlassen; der Vorteil für die Gläubiger liegt darin, dass sie sich die erheblichen Kosten des Insolvenzverfahrens sparen, also letztlich mehr bekommen. Dann entfällt eine Insolvenzantragspflicht. Schließen die Erben den Vergleich ohne vorherige Durchführung eines Aufgebotsverfahrens, bleibt ein kleines Haftungsrisiko, wenn später unbekannte Nachlassgläubiger auftauchen. (3) Erblasser E hinterlässt seinen im Testament als Erben eingesetzten Verwandten ein Aktivvermögen von 20.000 €, hat aber an zwei Personen Vermächtnisse im Wert von 40.000 € ausgesetzt; sonst sind keine Schulden vorhanden. Müssen die Erben wegen Überschuldung Insolvenzantrag stellen? Nein, die Vermächtnisse werden um 50% gekürzt (§§ 1992, 1991 Abs. 4 BGB, § 327 InsO); dann zahlen die Erben zwar nicht „drauf“, es bleibt ihnen aber nichts.

b) Folgen, wenn kein Insolvenzantrag gestellt wird

(1) Verletzen die Erben die Pflicht, einen Insolvenzantrag zu stellen, **obwohl ausreichend Masse** im Nachlass wäre, sind sie den Gläubigern für den daraus entstehenden Schaden verantwortlich (§ 1980 Abs. 1 S. 2 BGB).

Beispiel (vereinfacht): Das Nachlassaktivvermögen beträgt 20.000 €, die Schulden 100.000 €. Bei sofortiger Insolvenzeröffnung bekäme jeder Gläubiger ca 10%, wenn man die Kosten des Insolvenzverfahrens auf 10.000 € schätzt. Ein Antrag wird aber nicht gestellt. Ein Gläubiger pfändet anschließend 5.000 € weg. Dann erst wird von den Erben Insolvenzantrag gestellt. Nun stehen nur noch 15.000 € für die restlichen Gläubiger zur Verfügung, ihre Quote hat sich um ca 5%-Punkte verschlechtert. Die Differenz der Quoten ist der Schaden, den die Miterben zu ersetzen hätten.

Der Ersatzanspruch der Nachlassgläubiger gegen die Miterben gehört zur Nachlassinsolvenzmasse, wird also vom Insolvenzverwalter (und nicht von den einzelnen Gläubigern) gegenüber den Miterben geltend gemacht (MünchKomm-Siegmann BGB § 1980 Rz 11). Miterben haften als Gesamtschuldner (§ 840 BGB); es handelt sich um eine Eigenverbindlichkeit der Erben (dh aus deren Eigenvermögen zu begleichen).

(2) Ist **nicht so viel Geld** (dh Masse) **im Nachlass,** dass das Insolvenzverfahren bezahlt werden kann (dh einige tausend Euro), haben die Erben keine Pflicht zur Stellung des Insolvenzantrags. Das Gesetz verlangt von ihnen nicht, dass sie die Kosten aus ihrem Privatvermögen zahlen; allerdings könnten sie das freiwillig tun (§ 26 InsO), was unnötig wäre. Die Erben können sich nun gegenüber Gläubigern auf die Dürftigkeit des Nachlasses berufen (§§ 1990, 1991 BGB; vgl S. 96), dürfen den Nachlassrest aber nicht behalten, sondern haben ihn den Gläubigern zur Verfügung zustellen.

c) Ablehnung der Eröffnung durch das Gericht

Wird ein Insolvenzantrag gestellt, aber abgelehnt, weil nicht genügend Masse vorhanden ist, hat der Antragsteller (ein Miterbe oder alle Miterben) die Gerichtskosten zu tragen (GKG KV 2310: 0,5 aus dem Streitwert, der sich nach § 58 GKG richtet, dh nach dem Wert der Insolvenzmasse; bei 5.000 € sind das ca 60 €) sowie die eventuellen Auslagen (GKG KV 9005); es ist denkbar, dass das Insolvenzgericht ein Gutachten über die Frage , ob die Masse ausreicht, erholt (der Stundenlohn des Sachverständigen beträgt 50 bis 95 € + Auslagen + 19% Umsatzsteuer), was dann ebenfalls von den Antragstellern (ggf aus ihrem Privatvermögen) zu zahlen ist. Wird die von den Erben beantragt Eröffnung vom Insolvenzgericht abgelehnt, ist die Folge: die Erben können sich nun auf die Dürftigkeit des Nachlasses (§§ 1990, 1991 BGB), nachgewiesen durch den Ablehnungsbeschluss, berufen und die Zahlung aus ihrem Eigenvermögen verweigern.

Wird den Erben nun eine Inventarfrist gesetzt und versäumen sie die Frist (dh sie errichten kein Inventar des Nachlasses), haften sie wieder unbeschränkt, dh auch mit ihrem Eigenvermögen (OLG Stuttgart NJW 1995, 1227).

d) Folgen bei Eröffnung des Insolvenzverfahrens

aa) Voraussetzungen der Eröffnung

(1) **Antrag. Antragsberechtigt** ist der Erbe, der Nachlassverwalter usw (§ 317 Abs. 1 InsO), ein einzelner Miterbe nach § 317 Abs. 2 InsO. Wird der Antrag nicht von allen Miterben gestellt, ist er zulässig, wenn der Eröffnungsgrund glaubhaft gemacht wird; notfalls genügt eine eidesstattliche Versicherung. Das Insolvenzgericht hört die übrigen Miterben an (§ 317 Abs. 2 InsO). (2) Ein **Eröffnungsgrund.** Davon gibt es drei: glaubhaft gemachte (also nicht notwendig: sicher feststehende) Überschuldung des Nachlasses, Zahlungsunfähigkeit; uU genügt schon drohende Zahlungsunfähigkeit (§ 320 InsO). (3) **Ausreichend Masse** im Nachlass, um Gericht und Insolvenzverwalter zu bezahlen (§§ 26 Abs. 1, 54 InsO); fehlt diese Masse, könnten die Erben diese Kosten aus ihrem Privatvermögen auslegen, was aber kaum sinnvoll ist. (4) Die Erben dürfen noch **nicht allgemein unbeschränkbar** haften (vgl S. 77). (5) Ein inländischer Insolvenzgerichtsstand (dh ein Ge-

richtsstand in Deutschland) muss gegeben sein (§ 315 InsO), zB weil der Erblasser zuletzt in Deutschland wohnte.

bb) Verfahrensablauf

Das Verfahren wird durch Beschluss des Insolvenzgerichts eröffnet; zugleich wird ein Insolvenzverwalter bestellt (§ 27 Abs. 1 S. 1 InsO); dieser wird nach der InsVV bezahlt (von den ersten 25.000 € der Insolvenzmasse erhält er 40% + Auslagen + 19% Umsatzsteuer + eventuelle Zuschläge, dh ein großer Teil des Aktivnachlasses fließt an den Insolvenzverwalter!). Für die Tätigkeit des Insolvenzverwalters gelten die allgemeinen Vorschriften der InsO, ferner §§ 1976, 1977, 1978 BGB. Zur Masse gehört auch, was durch **Anfechtung** (§§ 129ff InsO) zur Masse zurückfließt.

Beispiele: (1) Die Erben verschenken vor Eröffnung des Insolvenzverfahren die wertvollen Nachlassmöbel an Bekannte; dann wird das Insolvenzverfahren eröffnet. Der Insolvenzverwalter wird die Schenkung anfechten (§§ 129, 134 InsO), die Möbel sind sodann von den Bekannten an die Nachlassmasse zurück zu geben (§ 143 InsO). (2) Die Erben zahlen den Pflichtteil und die Vermächtnisse aus; dann wird auf ihren Antrag das Insolvenzverfahren eröffnet. Der Insolvenzverwalter wird die Zahlungen anfechten (§§ 129, 322 InsO) und die Empfänger müssen zurückzahlen.

Zur Masse gehören ferner **Schadensersatzansprüche** gegen die Erben. Denn ab Kenntnis von der Überschuldung usw müssen sie unverzüglich die Eröffnung des Insolvenzverfahrens beantragen (§ 1980 Abs. 1 S. 1 BGB), falls ausreichend Masse für die Kosten im Nachlass ist; andernfalls haften die Erben (§ 1980 Abs. 1 S. 2 BGB). Der Ersatzanspruch fällt in die Nachlassmasse und ist also vom Insolvenzverwalter gegen die Erben geltend zu machen (§§ 1978 Abs. 2, 1985 Abs. 2, 1980 BGB; 328 Abs. 2 InsO).

Beispiele: Die Erben kümmern sich nach Annahme der Erbschaft um nichts, so dass Nachlass (zB eine Sammlung) verdirbt. Die Erben haften den Gläubigern aus Auftrag (§ 1978 Abs. 1 S. 1 BGB), was der Insolvenzverwalter geltend macht (§ 1978 Abs. 2 BGB); dh der Verwalter verlangt von den Erben Schadensersatz.

cc) Ende des Insolvenzverfahrens

Das Insolvenzverfahren endet:

(1) **Nach Schlussverteilung** durch Aufhebungsbeschluss (§§ 200 Abs. 1, 258 Abs. 1 InsO). Die Erben können sich auf die Erschöpfung des Nachlasses berufen, müssen die Gläubiger also nicht aus Eigenvermögen bezahlen (§§ 1989, 1973 BGB). Sollte sich ergeben, dass alle Gläubiger befriedigt wurden, erhalten die Erben den Rest des Nachlasses ausgehändigt. In welcher Reihenfolge wird ausbezahlt? Zuerst die Gerichtskasse, dann der Insolvenzverwalter, dann andere Gläubiger wie Banken, dann der Pflichtteilsberechtigte (§ 327 Abs. 1 Nr. 1 InsO) und zuletzt der Vermächtnisnehmer (§ 327 Abs. 1 Nr. 2 InsO).

(2) Wenn sich zeigt, dass **nicht mehr genügend Masse** für die Kosten vorhanden ist, wird das Verfahren eingestellt (§ 207 InsO). Folge: die Erben haften wieder nach den allgemeinen Grundsätzen; sie berufen sich also auf die Dürftigkeit des Nachlasses (§§ 1990, 1991 BGB) und verweigern die Zahlung aus ihrem Eigenvermögen.

(3) Wenn sich während des Verfahrens zeigt, dass **in Wirklichkeit keine Überschuldung** usw vorlag: durch Einstellung (§ 212 InsO). Nun können die Erben alle Nachlassgläubiger befriedigen, der Rest bleibt den Erben.

(4) Wenn alle Nachlassgläubiger zustimmen und die Erben den Antrag stellen: durch Einstellung (§ 213 InsO). Folge: die Haftung des Erben richtet sich zunächst nach den geschlossenen **Verzichtsvereinbarungen;** im Übrigen kommt die Dürftigkeitseinrede (§§ 1990, 1992 BGB) zum Zug.

7. Beschränkung der Erbenhaftung durch Dürftigkeitseinrede

a) Allgemeines

In der Praxis schlägt der Erbe die Erbschaft aus, wenn Überschuldung in Betracht kommt, und zahlt die kleine Gerichtsgebühr für die Ausschlagung (S. 9). Wird dies übersehen oder aus sonstigen Gründen unterlassen und hilft keine Anfechtung, könnte er zur Beschränkung seiner Haftung eine Nachlassverwaltung bzw ein Nachlassinsolvenzverfahren beantragen.

Sowohl eine Nachlassverwaltung wie ein Nachlassinsolvenzverfahren kosten viel Geld (jeweils Gebühren und Auslagen des Gerichts; Vergütung und Aufwendungen des Verwalters), jeweils (je nach Umfang) mindestens einige tausend Euro. Ist im Nachlass nicht einmal soviel vorhanden (vgl § 1982 BGB; § 26 Abs. 1 S. 1 InsO), liegt Dürftigkeit vor. Die Erben könnten zwar aus ihrem Eigenvermögen die Kosten vorschießen (vgl § 26 Abs. 1 S. 2 InsO) und sich das Verfahren dann „leisten", was aber keinen Sinn hat und daher kaum vorkommt. Klüger ist es, wenn die Erben die Befriedigung der Nachlassgläubiger dann insoweit verweigern, als der Nachlass nicht ausreicht (§ 1990 Abs. 1 S. 2 BGB).

Überschuldung ist für die Anwendung des § 1990 BGB nicht Voraussetzung, liegt aber in der Regel vor. Haften die Erben schon allgemein unbeschränkbar (zB weil sie die ihnen gesetzte Inventarfrist nicht eingehalten haben; S. 77), ist § 1990 BGB nicht mehr anwendbar (§ 2013 Abs. 1 S. 1 BGB).

Dürftigkeit: maßgebend dafür, ob sie vorliegt, ist (wenn es zum Prozess kommt) der Zeitpunkt der Entscheidung des Gerichts über die Einrede (BGH NJW 1983, 1485); klagen verschiedene Gläubiger sind somit verschiedene Zeitpunkte denkbar. Nicht notwendig ist also, dass der Nachlass schon beim Erbfall dürftig war. War er anfangs bemittelt und ist dann durch schlechtes Verwalten seitens der Miterben dürftig geworden, können eventuelle Ersatzansprüche der Gläubiger gegen die Miterben entstanden sein (§§ 1991, 1979, 1978 BGB), die dem scheinbar dürftigen Nachlass hinzugerechnet werden (§ 1978 Abs. 2 BGB), so dass er dann nicht mehr als dürftig gilt, die Miterben somit die Einrede des § 1990 BGB nicht haben.

> Bei Ausschlagung hat der Erbe mit dem Nachlass nichts mehr zu tun. Bei Berufung auf die Dürftigkeit muss er die Dürftigkeit beweisen.

b) Verfahrensablauf

Ist der Nachlass nach Meinung der Erben „dürftig", dann ist zu unterscheiden:

aa) Dürftigkeitseinwand

Auf das Ansinnen der Nachlassgläubiger, zu bezahlen, werden die Erben auf die Dürftigkeit des Nachlasses hinweisen und sie belegen durch Vorlage der gerichtlichen Beschlüsse über die Ablehnung von Nachlassverwaltung bzw Insolvenzverfahren bzw deren Aufhebung mangels Kostendeckung. Haben die Erben keine solchen Beschlüsse, werden sie den Gläubigern ein privat erstelltes Nachlassverzeichnis zusenden. Oft lässt der Gläubiger dann die Sache auf sich beruhen.

bb) Klage und Urteil

Klagt der Nachlassgläubiger gegen den Erben, etwa weil er nicht an die „Dürftigkeit" glaubt (denn das kann schließlich jeder behaupten), werden die Erben im Prozess die Dürftigkeit einwenden. Das Prozessgericht kann dann, je nach Sachlage, entweder (1) darüber Beweis erheben und (wenn nichts da ist) die Klage abweisen; (2) ist Nachlass vorhanden, aber Dürftigkeit gegeben (dh weniger als Nachlassverwaltung bzw Nachlassinsolvenz kosten würden), werden die Erben verurteilt, die Zwangsvollstreckung in die Nachlassgegenstände zu dulden (§ 1990 Abs. 1 S. 2 BGB); gegebenenfalls kann das Gericht im Urteil diese Gegenstände einzeln aufführen. (3) In Frage kommt auch, dass das Gericht die Erben verurteilt und ihnen die beschränkte Erbenhaftung im Urteil vorbehält (§ 780 Abs. 1 ZPO).

§ 1990 Abs. 1 S. 2 BGB besagt also nicht, dass die Erben den Gläubigern den dürftigen Nachlass herauszugeben haben; sie haben nur zu dulden, dass der dürftige Nachlass (zB Möbel, Kleider, Bücher) vom Gerichtsvollzieher gepfändet und versteigert wird (durch Zahlung des Wertes können die Erben dies nicht abwenden; aber sie können den Schrank selbst einsteigern).

Kommt der Gerichtsvollzieher und pfändet die (nicht geerbte) antike Kommode, kann der Erbe gegen den Kläger (Nachlassgläubiger) eine Vollstreckungsgegenklage erheben (§§ 781, 785, 767 ZPO); dort wird dann geprüft (zB durch Vorlage von Rechnungen, Zeugenvernehmung), ob die Kommode tatsächlich nicht zum Nachlass gehörte.

c) Folgen der Erhebung der Dürftigkeitseinrede

aa) Ersatz der Aufwendungen des Erben

Die Erben können ihre bisherigen Aufwendungen *vor* den Nachlassgläubigern dem Nachlass entnehmen (§§ 1991 Abs. 1, 1978 Abs. 3 BGB).

bb) Haftung des Erben für die bisherige Verwaltung

Die Erben haften als fiktive Beauftragte der Gläubiger aus §§ 1991 Abs. 1, 1978 Abs. 1, 662ff, 280 BGB für Fehler bei der Verwaltung des Nachlasses. Berufen sich die Erben auf die Dürftigkeit, können die Nachlassgläubiger einwenden, der Nachlass sei nicht dürftig, weil sie Ansprüche gegen die Erben aus falscher Verwaltung haben.

Beispiel: Die Erben haben nach Annahme der Erbschaft nicht verhindert, dass wertvolle Teppiche aus dem Nachlass gestohlen wurden. Der Schadensersatzanspruch gegen die Erben wird als Nachlassteil behandelt, so dass eventuell keine Dürftigkeit vorliegt. Beträgt der Schaden 2.000 €, ist Folge freilich nur, dass die Erben einen Insolvenzantrag stellen müssen, das Verfahren dann diese 2.000 € verbraucht, schließlich mangels Masse eingestellt wird (§ 207 InsO) und dann die Erben wieder die Dürftigkeitseinrede erheben können.

cc) Erloschene Rechtsverhältnisse

Sie werden rechnerisch als nicht erloschen angesehen (§ 1991 Abs. 2 BGB), aber nicht im Verhältnis zu Dritten. Folge ist u.a., dass sie bei der Berechnung des Nachlassbestandes zu berücksichtigen sind.

dd) Reihenfolge der Befriedigung der Nachlassgläubiger

Stellt der Erbe Dürftigkeit des Nachlasses fest, muss er gleichwohl die Zwangsvollstreckung der Nachlassgläubiger in den Nachlass dulden (§ 1990 Abs. 1 BGB). Die Erben haben diejenigen Gläubiger bevorzugt zu befriedigen, die eine *rechtskräftige* Verurteilung (bzw einen anderen rechtskräftigen Titel, vgl § 794 ZPO) erwirkt haben (§ 1991 Abs. 3 BGB).

Beispiel: Der Nachlass beträgt 1.000 € auf dem Sparbuch sowie alter Kleidung. Gläubiger (alle ohne Vollstreckungstitel) sind der Vermieter, der Stromlieferant, Telekom, Bestattungsinstitut, Friedhofsamt, Krankenkasse mit zusammen 7.000 €. Wie soll sich der Erbe verhalten, wenn er die Ausschlagung versäumt hat? – Am besten tut er nichts und wartet, bis der erste Gläubiger einen Titel erwirkt hat und in den Nachlass vollstreckt. Gegenüber den anderen Gläubigern wendet er dann, wenn diese klagen, Dürftigkeit ein. Er muss den Ablauf dem Zufall und dem Geschick der einzelnen Gläubiger überlassen. Würde der Erbe einen beliebigen Gläubiger freiwillig zuerst auszahlen, setzt er sich der Gefahr der Verwalterhaftung (§§ 1991, 1978, 1979 BGB) aus.

Erbe als Nachlassgläubiger: Da der Erbe sich selbst nicht verklagen kann, darf er eine ihm gegen den Nachlass zustehende Forderung zuvor noch dem Nachlass entnehmen.

Verbindlichkeiten aus Pflichtteilsrechten, Vermächtnissen und Auflagen haben die Erben im Falle der Dürftigkeit grundsätzlich erst nach den übrigen Gläubigern zu befriedigen (§ 1991 Abs. 4 BGB; § 327 Abs. 1 bis Abs. 3 InsO). Verstößt der Erbe dagegen und zahlt in Kenntnis der Dürftigkeit, haftet er den besserrangigen Gläubigern für deren Ausfall (§§ 1978, 1979 BGB), muss sie also finanziell so stellen, wie sie stünden, wenn er die Pflichtteile usw nicht voreilig ausbezahlt hätte.

IX. Teilungsanordnungen des Erblassers

1. Gewöhnliche Teilungsanordnungen

Der Erblasser kann sich schon zu Lebzeiten in seinem Testament (bzw Erbvertrag) mit der künftigen Teilung seines Nachlasses befassen. Er hat im wesentlichen folgende Möglichkeiten:

a) Testament ohne Teilungsregelungen

Er kann sich zur Teilung im Testament nicht äußern; dann gelten die gesetzlichen Regeln, also §§ 2042ff BGB (S. 132ff).

b) Testament mit Teilungsverbot

Der Erblasser kann die Auseinandersetzung untersagen (§ 2044 BGB), entweder bezüglich des ganzen Nachlasses oder bezüglich einzelner Nachlassgegenstände (zB des Hauses). Dieses Verbot wird unwirksam, wenn 30 Jahre seit dem Eintritt des Erbfalls verstrichen sind (§ 2044 Abs. 2 S. 1 BGB). In einigen Fällen kann das Verbot aber viel länger als 30 Jahre gelten: denn der Erblasser kann anordnen, dass die Verfügung bis zum Eintritt eines bestimmten Ereignisses in der Personen eines Miterben ... gelten soll (§ 2044 Abs. 2 S. 2 BGB).

Beispiel: wenn der Erblasser angeordnet hat, dass der Nachlass erst geteilt werden darf, wenn alle Erben 65 Jahre alt sind und die Erben beim Erbfall erst 25 Jahre alt sind, dauert das Teilungsverbot 40 Jahre lang.

> Diese Fristen gelten nicht, dh eine vorzeitige Teilung ist zulässig, wenn ein „wichtiger Grund“ für die Teilung vorliegt (§ 749 Abs. 2 BGB).

Beispiele für einen wichtigen Grund: Eine Verfeindung der Miterben gilt nur dann als wichtiger Grund, wenn hierdurch die Gemeinschaft unmittelbar berührt wird; im Einzelfall kann sie also ausreichen, nämlich wenn die Miterben den Nachlass selbst und nicht durch einen Verwalter verwalten. Ebenso Ehescheidung bei Miterben (vgl LG Berlin MDR 1990, 1116). Finanzbedarf eines Miterben genügt nur ausnahmsweise (vgl OLG Hamburg NJW 1961, 610), etwa wenn er das Geld für eine dringende Operation braucht. Uneinigkeit in der Verwaltung (wie soll das Geld angelegt werden, an wen soll die Immobilie vermietet werden?) kann im Einzelfall ein wichtiger Grund sein. Dass im Moment der Nachlass günstig verkauft werden könnte, genügt in der Regel nicht.

c) Testament mit Erschwerung der Teilung

Der Erblasser kann die Auseinandersetzung erschweren (§ 2044 Abs. 1 BGB), indem er eine **Kündigungsfrist** (zB einige Monate, einige Jahre) anordnet. Dann kann nicht mehr jeder Miterbe *jederzeit* die Auseinandersetzung verlangen, wie es § 2042 Abs. 1 BGB vorsieht. Schon vor Ablauf der Kündigungsfrist kann aber geteilt werden, wenn ein „wichtiger Grund" für die Teilung vorliegt (§ 749 Abs. 2 BGB).

d) Testament mit Teilungsregelungen

Der Erblasser kann durch Testament (bzw einseitig durch Erbvertrag) Anordnungen für die **Auseinandersetzung** treffen (§ 2048 Satz 1 BGB). Eine solche Anordnung hat Vorrang vor den gesetzlichen Auseinandersetzungsbestimmungen (§§ 2042ff BGB). Die Anordnung betrifft in der Regel die Teilung, kann aber nach dem Wortlaut des § 2048 BGB auch zeitlich vorangehende Auseinandersetzungsfragen (zB die Verwaltung vor der Auseinandersetzung; Anordnung der Versteigerung der Teppiche unter den Miterben statt Verkauf) betreffen. In das Grundbuch wird eine Teilungsanordnung nicht eingetragen. Die Teilungsanordnung hat nur schuldrechtliche Bedeutung (BFH NJW 2001, 173): der begünstige Miterbe erlangt nicht schon mit dem Erbfall Eigentum am Gegenstand, sondern erst durch Übertragung bei der Aufteilung (zB Auflassung eines Grundstücks durch „die Erbengemeinschaft" an den Miterben und Eintragung im Grundbuch; bei Grundstücken ist also der Gang zum Notar unerlässlich).

Die **Teilungsregelung** kann sein

- eine gewöhnliche Teilungsanordnung; oder
- ein Vorausvermächtnis (unten 4).

Entscheidend ist der Erblasserwille; ergibt die Auslegung der letztwilligen Verfügung, dass keine Ausgleichspflicht des Miterben besteht, sondern ein Mehrwert zusätzlich zum Erbteil zugewendet werden sollte, dann liegt keine Teilungsanordnung vor, sondern ein Vorausvermächtnis (bzw eine Auflage); BGH FamRZ 1987, 475; BGH NJW-RR 1990, 1220. So ist es zB, wenn der Erblasser anordnet, dass der eine Erbe einen Gegenstand „ohne Ausgleichspflicht“, „verrechnungsfrei“ usw erhält.

2. Verbindlichkeit der Teilungsanordnung

a) Form und Inhalt

Die Form des Testaments bzw Erbvertrags muss gewahrt sein (also handschriftlich ge- und unterschrieben oder notariell); mündliche Anordnungen des Erblassers zählen nicht. Wünsche und Ratschläge im Testament sind keine Teilungsanordnungen. Die Anordnung kann die Zuweisung von Sachen und Rechten betreffen, aber auch bestimmen, welcher Miterbe im Innenverhältnis Nachlassverbindlichkeiten zu tragen hat (BGH NJW-RR 1990, 1145: Anordnung, dass eine Steuerschuld des Erblassers aus einem Gesellschaftsanteil, den Erbe X erhält, aufgebracht werden soll). Die Teilungsanordnung kann auch bedingt erfolgen („Falls sich A und B bei der Teilung streiten sollten, dann ordne ich an …“).

b) Schutz des Pflichtteils

Eine Teilungsanordnung kann im Einzelfall gegenstandslos sein. Wenn durch die Anordnung ein **pflichtteilsberechtigter Miterbe** betroffen ist, dem **nicht mehr als die Hälfte** seines gesetzlichen Erbteils hinterlassen ist, gilt die Anordnung als nicht getroffen (§ 2306 Abs. 1 S. 1 BGB). Ist der hinterlassene Erbteil größer, kann der Erbe ausschlagen und den Pflichtteil verlangen (§ 2306 Abs. 1 S. 2 BGB). Ferner ist § 2307 BGB zu beachten

Beispiel: Der verwitwete Vater V hat in seinem Testament bestimmt: Mein Sohn soll Erbe zu 1/4 werden, meine Tochter zu 3/4. Der Nachlass darf 20 Jahre lang nicht geteilt werden. – Diese Teilungsanordnung ist unwirksam, weil der Pflichtteil des Sohnes 1/4 beträgt (§§ 2303 Abs. 1 S. 2, 1924 BGB) und dieser Mindestanteil nicht weiter verschlechtert werden darf. Wenn aber der Sohn 30% bekam und die Tochter 70%, dann erhielt der Sohn mehr als seinen Pflichtteil: entweder er lässt die Teilungsanordnung gelten oder er schlägt die Erbschaft aus (§ 2306 Abs. 1 S. 2 BGB): dann kann er sofort den Pflichtteil verlangen, der aber nur 25% beträgt. – Eine Änderung von § 2306 BGB wird diskutiert.

c) Abweichungsmöglichkeiten für die Erben

Teilungsverbote und dergleichen sind für die Erben oft ärgerlich. Sie können überwunden werden:

- Die Miterben können **einstimmig** etwas anderes vereinbaren; sind sich alle einig, ist die Teilungsanordnung des Erblassers gegenstandlos.
- Ein Miterbe allein kann eine Teilung fordern, wenn ein **wichtiger Grund** vorliegt (s. oben 1 b). Hier muss idR prozessiert werden.
- Die Regelung kann unwirksam sein, wenn der **Pflichtteil** tangiert wird (oben 2. b).

d) Strategie des Erblassers

Will der Erblasser verhindern, dass die Erben anders teilen, als er es bestimmt hat, dann muss er eine Auflage zu Lasten aller Miterben anordnen (§§ 1940, 2192, 2194 BGB) und für den Fall der Nichtbeachtung einen Ersatzerben einsetzen **(bedingte Erbeinsetzung).** Auch ohne ausdrückliche Anordnung kann die Auslegung des Testaments im übrigen ergeben, dass die Erbeinsetzung auflösend bedingt durch Nichtvollzug der Teilungsanordnung erfolgte (Soergel/Wolf § 2048 Rz 2). In Frage kommt ferner die Einsetzung eines **Testamentsvollstreckers.** Außerdem können aufschiebend bedingte Vermächtnisse angeordnet werden (sog. **Strafvermächtnisse**): nämlich, dass für den Fall der Nichtbeachtung der Teilungsanordnung die Erben an X einen Betrag von … € als Vermächtnis zu zahlen haben.

3. Berechnung von Ausgleichszahlungen

Es kommt darauf an, was der Erblasser genau angeordnet hat.

a) Keine Erbquoten im Testament, aber Teilungsregelung

Wenn der Erblasser keine Erbquoten im Testament (bzw Erbvertrag) festgelegt hat, sondern nur die Aufteilung geregelt hat, gibt es in der Regel keine weiteren Berechnungsfragen.

Beispiel: E hat testiert: „Mein Sohn S soll den Bauplatz, meine Tochter T die Eigentumswohnung erhalten." Der Nachlass ist 165.000 € wert (Bauplatz 50.000 €, Wohnung 100.000 €, Bankguthaben 15.000 €). Dann ergibt die Auslegung in der Regel (trotz § 2087 Abs. 2 BGB), dass beide Kinder Erben sein sollen (und nicht der eine Erbe, der andere Vermächtnisnehmer). Somit ist S Erbe zu $^1/_3$, T zu $^2/_3$ (Verhältnis der zugewandten Nachlassgegenstände 50:100). Bei der Auseinandersetzung bekommt S den Bauplatz und 5.000 €, T die Wohnung und 10.000 €.

b) Erbquoten und Teilungsregelung im Testament

Wenn der Erblasser Erbquoten angesetzt hat und zugleich die Teilung geregelt, dann können Berechnungsprobleme auftauchen. Zunächst kommt es darauf an, ob der Erblasser hier zusätzliche Regelungen getroffen hat. Grundsätzlich erfolgt eine wertmäßige Anrechnung des zugewiesenen Gegenstandes bei der Auseinandersetzung, die Teilungsanordnung soll keine Wertverschiebung gegenüber der zuvor **vom Erblasser festgelegten Erbquote** bewirken (anders als das Vorausvermächtnis; s. unten 110). Eine sog. **wertverschiebende Teilungsanordnung** (Verschiebung des Werts der Beteiligung der Miterben ohne gleichzeitige Änderung der Erbquoten) lehnt der BGH (NJW 1985, 51) ab. Der Miterbe ist zur Übernahme des Gegenstandes verpflichtet, wenn sein Wert kleiner oder gleich groß wie die Erbquote ist, außer, der Erblasser hat etwas anderes angeordnet. Natürlich kann der Miterbe die Erbschaft ausschlagen, dann muss er auch nichts übernehmen. Er kann sich auch mit allen Miterben anderweitig einigen, vielleicht will ein anderer den Gegenstand haben.

Der Erblasser kann anordnen, dass ein Miterbe frei entscheiden kann, ob er einen Gegenstand übernimmt („A und B sind Miterben zu 1/2; A kann das Grundstück in Berlin ... übernehmen, wenn er will"; oder ähnlich); Sonderfall: § 2049 BGB. Grundsätzlich hat dann ein Wertausgleich stattzufinden, außer es ist etwas anderes angeordnet. Ist ein **Übernahmepreis** bestimmt, liegt in der Zuwendung eines Mehr- oder Minderwerts ein Vorausvermächtnis.

Beispiel: Hat E bei drei Miterben (zu je 1/3) angeordnet, dass Miterbe A das Geschäft für 100.000 € übernehmen kann und ist das Geschäft 150.000 € wert, hat A ein Vorausvermächtnis von 50.000 € erhalten. Ist das Geschäft nur 60.000 € wert, liegt ein Vorausvermächtnis von 40.000 € für die Miterben B und C vor (MünchKomm-Heldrich § 2048 Rz 16; str).

aa) Quotale Teilungsanordnung

Entsprechen die zugewiesenen Gegenstände in ihrem Wert den vom Erblasser angeordneten Erbquoten, gibt es keine weiteren Probleme.

Beispiel: E hat A und B als Erben zu je 1/2 eingesetzt und bestimmt, dass A die Eigentumswohnung im 1. Stockwerk erhalten soll, B die Eigentumswohnung im 2. Stock. Beide Wohnung sind gleichviel wert und schuldenfrei. Bei der Teilung erhält jeder Miterbe eine Wohnung, das restliche Vermögen und die Schulden werden im Verhältnis 1:1 geteilt.

bb) Überquotale Teilungsanordnung

Ist der Wert des zugewiesenen Gegenstandes größer als der vom Erblasser bestimmte Erbanteil, stellt sich die Frage, ob der Mehrbetrag zusätzlich zu dem Erbteil zugewendet sein soll. Das hängt von der Auslegung des Testaments ab:

(1) Soll der Mehrbetrag nach dem Willen des Erblassers zusätzlich zu dem Erbteil zugewendet sein, dann handelt es sich – jedenfalls wegen des Mehrwerts – nicht um eine Teilungsanordnung iSv § 2048 BGB, sondern um ein Vorausvermächtnis (§ 2150 BGB).

(2) Wollte der Erblasser dem durch die Anordnung begünstigten Miterben den Mehrwert nicht zusätzlich zur festgelegten Erbquote zuwenden, lässt sich die Teilungsanordnung nur aufrecht erhalten und kann die Auseinandersetzung nur vollzogen werden, wenn der begünstigte Miterbe den Mehrwert durch *freiwillige* Leistung aus seinem eigenen Vermögen in den Nachlass vorab ausgleicht (BGH NJW-RR 1996, 577; NJW 1985, 51). Erzwingbar ist das nicht (BGH FamRZ 1987, 475 meint, der Miterbe sei „im allgemeinen" zur Zahlung des Mehrwerts aus seinem Vermögen verpflichtet); denn der Erblasser kann den Erben nicht hinsichtlich seines Privatvermögens verpflichten. Der BGH (BGH NJW-RR 1996, 577) will die Teilungsanordnung im aufzustellenden Teilungsplan berücksichtigen.

Beispiele: (1) E testiert: „Erben sollen A und B zu je $1/2$ sein; A soll **bei der Teilung** den Bauplatz erhalten." Wert des Bauplatzes 40.000 €. Nachlasswert 100.000 € (Bauplatz + 60.000 € auf den Konto). – Bei der Auseinandersetzung erhält A den Bauplatz sowie aus dem Nachlass 10.000 €; B erhält 50.000 €. (2) Unterstellt, im vorigen Fall ist der Bauplatz 60.000 € wert. – Dann kann A 10.000 € an den Nachlass zahlen; sodann erhält bei der Teilung A den Bauplatz, B bekommt 50.000 €. Zahlt A nichts, wird der Bauplatz verkauft und jeder Miterbe erhält bei der Teilung 50.000 €. (3) Wie im Fall 1, aber der Erblasser hat ins Testaments geschrieben: „wegen der Wertdifferenz soll keine Ausgleichszahlung erfolgen". Letztlich bedeutet das wohl, dass A außer dem Bauplatz nichts aus dem Nachlass erhält.

c) Bewertungsfragen

Für die Frage, mit welchem Betrag ein zugewiesener Gegenstand anzusetzen ist, kommt es – wenn vom Erblasser im Testament nichts anderes angeordnet ist – auf dessen Bewertung an (in der Gerichtspraxis werden hierüber Gutachten von Sachverständigen erholt, wobei die Kosten aus dem Nachlass zu zahlen sind). Wesentlich ist nicht der Wert bei Testamentserrichtung, auch nicht der Wert beim Erbfall, sondern der Verkehrswert zu dem **Zeitpunkt,** „zu dem die Durchführung der Teilungsanordnung verlangt werden kann" (MünchKomm-Heldrich § 2048 Rz. 20), also sobald die Auseinandersetzung möglich ist. Für Landgüter ist § 2049 BGB zu beachten.

Beispiel: E hat verfügt, dass seine Kinder A und B Erben zu je 1/2 werden sollen und dass A die Aktien, B das Haus erben sollen. Bei Testamentserrichtung waren die Aktien 80.000 € wert, beim Erbfall 60.000 € und bei Auseinandersetzung nur noch 50.000 €; das Haus war zu allen Zeitpunkten 100.000 € wert. Sonstiger Nachlass 50.000 €. Gesamtnachlass somit beim Erbfall 210.000 €. Bei der Auseinandersetzung kann aber nur von 200.000 € ausgegangen werden, B erhält zum Haus (Wert 100.000 €) nicht zusätzlich 5.000 €.

d) Bewertung bei Übernahme eines Landguts

Hat der Erblasser angeordnet, dass einer der Miterben das Recht haben soll, ein zum Nachlass gehörendes Landgut (größere Landwirtschaft, Forstwirtschaft) zu übernehmen, so ist (wenn der Erblasser nichts anderes angeordnet hat) anzunehmen, dass das Landgut mit dem **Ertragswert** angesetzt werden soll (§ 2049 Abs. 1 BGB), nicht nach dem (höheren) Verkehrswert. Damit soll aus politischen Gründen die Landwirtschaft geschützt werden (für Handwerksbetriebe und Fabrikbesitzer gibt es keine solche Vorschrift!). Nicht jede kleine Landwirtschaft ist ein „Landgut"; es muss sich um eine selbständige Erwerbsquelle handeln, nicht notwendig hauptberuflich (BGH NJW 1964, 1414). Wenn ein Lehrer in seiner Freizeit auf eigenem Grund 60 Schafe hält, ist das kein „Landgut", sondern allenfalls eine Landwirtschaft.

Beispiel: Bauer E hat im notariellen Testament bestimmt: „Erben sollen sein mein Sohn S und meine Tochter T zu je 1/2; meine Sohn S kann die Landwirtschaft zum Ertragswert übernehmen." – Rohertrag der Landwirtschaft 60.000 € jährlich, abzüglich Aufwendungen und fiktivem eigenem Lohn für den S (bei 70 Stunden Wochenarbeitszeit ein hoher Betrag; dazu noch der fiktive Lohn für seine Frau) bleibt ein Reinertrag von 2.000 € jährlich, was bei einem Multiplikator von 18 (geltend zB in Bayern) einen Ertragswert des Landguts von 36.000 € ergibt (der Verkehrswert beträgt 2 Mio €). Davon erhält dann die Tochter die Hälfte (also 18.000 €), der Bruder die andere Hälfte (also das Landgut). Zu Pflichtteilsfragen vgl § 2312 BGB; zur Grundstückszuweisung vgl ferner das Grundstücksverkehrsgesetz (GrdstVG).

e) Erbschein

Ein Vorausvermächtnis wird im Erbschein nicht angegeben. Enthält das Testament keine Erbquoten, sondern lautet: „A soll den Bauplatz erben, B die Eigentumswohnung", dann werden zwar vom Nachlassgericht Erbquoten errechnet und ein Erbschein nach Erbquoten im Verhältnis der Sachwerte erteilt, doch ist entsprechend dem mutmaßlichen Erblasserwillen keine Ausgleichspflicht anzunehmen. Ein Erbschein mit dem Inhalt, dass A den Bauplatz und B die Eigentumswohnung geerbt hat, wäre nach allgemeiner Auffassung wegen Verstoß gegen das Prinzip der Universalsukzession unzulässig und einzuziehen. Es ist also ein wesentlicher Unterschied, ob der Erblasser Erbquoten selbst festsetzt und Teilungsanordnungen trifft (dann in der Regel wertmäßige Anrechnung) oder ob er nur Teilungsanordnungen trifft und die Umrechnung im Quoten letztlich durch das Nachlassgericht erfolgt. Die Teilungsanordnung kann vom Erblasser festgesetzte Erbquoten nicht ändern, aber nicht angeordnete Erbquoten errechenbar machen. Ausgleichszahlungspflichten werden im Erbschein nicht angegeben.

4. Nachfolge in eine Personengesellschaft

War der Erblasser an einer OHG oder als persönlich haftender Gesellschafter an einer KG beteiligt, dann scheidet er mit dem Tod aus der Gesellschaft aus und die **überlebenden Gesellschafter setzen die Gesellschaft fort**, wenn nichts anderes vereinbart ist (§ 131 Abs. 3 HGB); zur steuerlichen Auswirkung der Nachfolgeklauseln vgl S. 153 ff, 171. Die Erben des Gesellschafters erlangen einen Abfindungsanspruch gegen die restlichen Gesellschafter (§§ 105 Abs. 3 HGB; 738 Abs. 1 S. 2 BGB). Oft sind im Gesellschaftsvertrag Klauseln darüber enthalten, wie diese **Abfindung** berechnet wird (etwa nach dem geringen Buchwert und nicht nach dem viel höheren Verkehrswert); im Einzelfall können diese Regelungen unwirksam sein (Einzelheiten sind umstritten).

Ist im Gesellschaftsvertrag vereinbart, dass die Gesellschaft mit den Erben des Gesellschafters fortgeführt wird, können Probleme auftreten. (1) Gesellschaftsvertrag und Erbrechtslage können übereinstimmen (Beispiel: E hat seine drei Kinder als Erben zu je $1/3$ eingesetzt und im Gesellschaftsvertrag ist vereinbart, dass die Gesellschaft mit den drei Kindern des E fortgesetzt wird): es entstehen keine Ausgleichsfragen; die drei Kinder werden nicht in ihrer Verbundenheit als Erbengemeinschaft Gesellschafter, sondern der Anteil des E splittet sich auf (BGH NJW 1983, 2376). War E zu $1/4$ an der OHG beteilt, ist also nun jedes Kind mit $1/12$ beteiligt, ohne dass hierzu eine gesonderte Auseinandersetzung erforderlich wäre. (2) Gesellschaftsvertrag und Erbrechtslage können aber auch divergieren (Beispiel: E wird gesetzlich beerbt von seiner Witwe zu $1/2$ und den beiden Söhnen zu je $1/4$; laut Gesellschaftsvertrag wird die Gesellschaft nur mit dem Sohn A fortgeführt): Sohn A erbt dann den Anteil des Vaters unmittelbar und ganz (BGH 68, 225). Trotz dieser Sondererbfolge gehört aber der Anteil wertmäßig zum Nachlass. Deshalb muss A (da er nur zu $1/4$ Miterbe wurde, aber den vollen OHG-Anteil erhalten hat) an seine beiden Miterben einen **Ausgleich** leisten (etwa aus seinem Privatvermögen oder bei der Aufteilung des restlichen Nachlasses (BGH 68, 225). (3) Erbrecht und Gesellschaftsrecht können auch völlig auseinanderfallen (Beispiel: E wird gesetzlich beerbt von seiner Witwe zu $1/2$ und den beiden Söhnen zu je $1/4$; laut Gesellschaftsvertrag wird die Gesellschaft mit dem Neffen fortgeführt, der aber nicht als Erbe oder Miterbe eingesetzt wurde): das muss man als **Eintrittsklausel** auslegen (N darf in die OHG eintreten; die Miterben erhalten einen Abfindungsanspruch gegen die OHG; BGH 68, 225).

5. Abgrenzung Teilungsanordnung – Vorausvermächtnis

Ob bestimmte Formulierungen in einem Testament (Erbvertrag) als Teilungsanordnung oder als Vorausvermächtnis auszulegen sind, ist oft schwierig zu entscheiden.

Teilungsanordnung	Vorausvermächtnis
Sie soll dem Miterben keinen Mehrwert über die zuvor festgelegte Erbquote gewähren.	Es gibt einem Miterben einen Mehrwert zusätzlich zum Erbteil.
Teilungsanordnung kann isoliert nicht ausgeschlagen werden, ist aber im Falle des § 2306 BGB unbeachtlich; die ganze Erbschaft kann ausgeschlagen werden.	Das Vorausvermächtnis kann isoliert ausgeschlagen werden (§ 2180 BGB).
Zuteilung erst bei der Auseinandersetzung.	Kann sofort nach dem Erbfall, also schon vor der Auseinandersetzung gefordert werden (§ 2176 BGB).

Das dem Vermächtnisnehmer bereits verschaffte Vermächtnis gehört bei beschränkter Erbenhaftung nicht zum haftenden Nachlass (vgl aber § 322 InsO; § 5 AnfG), der von der Teilungsanordnung erfasste Gegenstand dagegen schon (Palandt/Edenhofer § 2048 Rz 7). Das Vermächtnis unterliegt nicht der Nacherbschaft (§ 2110 Abs. 2 BGB). Die Teilungsanordnung kann beim gemeinschaftlichen Testament/Erbvertrag vom Überlebenden widerrufen werden (§§ 2270 Abs. 3, 2278 Abs. 2 BGB), dem durch das Vorausvermächtnis Bedachten kommt dagegen der Schutz der §§ 2287, 2288, 2270, 2271, 2289–2291 BGB zugute.

6. Anordnung der Auseinandersetzung nach billigem Ermessen eines Dritten

Der Erblasser kann anordnen, dass die Auseinandersetzung nach dem billigen Ermessen eines Dritten erfolgen soll (§ 2048 S. 2 BGB); zB: „mein Bruder soll den Nachlass nach seinem Ermessen aufteilen“. Dieser Dritte ist dann nicht an die gesetzlichen Teilungsregeln (S. 132) gebunden, sondern frei, soweit nicht offenbare Unbilligkeit vorliegt (§ 2048 S. 3 BGB). Dieser „Dritte“ kann auch ein Testamentsvollstrecker sein, dem der Erblasser die Teilung nach billigem Ermessen gestattet hat.

Beispiel: Zum Nachlass gehören einige Grundstücke. Wenn sich die Miterben A, B, C (je $^1/_3$) nicht einigen, müssen die Grundstücke, da unteilbar, zwecks Auseinandersetzung verkauft bzw versteigert werden (§§ 752, 753 BGB). Hatte der Erblasser bestimmt: „Die Auseinandersetzung soll Herr X nach billigem Ermessen vornehmen", dann kann X den Miterben jeweils einige Grundstücke zuweisen, wobei die Wertverhältnisse nur ungefähr je $^1/_3$ erreichen müssen.

7. Teilungsausschluss durch Vereinbarung der Miterben

Alle Miterben können miteinander eine Vereinbarung treffen, dass die Auseinandersetzung auf eine bestimmte Zeit oder sogar „auf Dauer" ausgeschlossen ist (§ 2042 Abs. 2 BGB) oder eine Kündigungsfrist vereinbart wird. Das ist formlos möglich, bedarf also keiner notariellen Beurkundung. Einstimmigkeit ist erforderlich, ein Mehrheitsbeschluss scheidet aus. Sind drei Miterben mit 75% dafür und einer (mit 25% Anteil) dagegen, können aber die drei unter sich vereinbaren, dass sie jedenfalls untereinander nicht teilen wollen. Auch dann kann trotzdem aus „wichtigem Grund" die Auseinandersetzung verlangt werden.

X. Die Ausgleichung von Zuwendungen des Erblassers an Miterben

1. Leistungen des Erblassers an Abkömmlinge

a) Allgemeine Voraussetzungen der Ausgleichungspflicht

Der Erblasser wendet oft zu Lebzeiten einzelnen seiner Abkömmlinge (Kindern, Enkeln usw) etwas zu; die anderen wissen das manchmal nicht. Hat er ein **Testament** errichtet, wird davon ausgegangen, dass er dies bei den Erbquoten usw berücksichtigt hat, eine Ausgleichung erfolgt nicht, wenn sie nicht angeordnet wurde (Ausnahme: § 2052 BGB; s. unten S. 117). War der Erblasser an einer Personengesellschaft (OHG, KG) beteiligt können trotz Testament spezielle Abfindungsansprüche entstehen (S. 109).

Hat der Erblasser Abkömmlinge **enterbt,** bestimmt im Rahmen des Pflichtteilsrechts § 2316 BGB eine spezielle Ausgleichung und § 2315 BGB eine Anrechnungspflicht; auch § 2325 BGB ist zu berücksichtigen. Pflichtteilsberechtigte sind aber keine Miterben.

Hat der Erblasser weder ein Testament errichtet noch einen Erbvertrag geschlossen, tritt **gesetzliche Erbfolge** ein; das Gesetz ordnet dann in bestimmten Fällen (entsprechend dem mutmaßlichen Willen des Erblassers, dass er seine Abkömmlinge gleich behandeln will) eine bei der Auseinandersetzung zu berücksichtigende Ausgleichung unter Abkömmlingen an:

Ausstattungen (aa)	Zuschüsse zum Einkommen (bb); Ausbildungskosten (cc)	Sonstige Zuwendungen (dd)
Ausgleichungspflichtig, § 2050 Abs. 1 BGB	allenfalls teilweise ausgleichungspflichtig, § 2050 Abs. 2 BGB	Grds nicht ausgleichungspflichtig, § 2050 Abs. 3 BGB
Der Erblasser konnte aber etwas anderes (nämlich die *Nicht*ausgleichung) anordnen.		Der Erblasser konnte aber etwas anderes (nämlich die Ausgleichung) anordnen.

Ausgleichungspflichtig und -berechtigt sind nur *Abkömmlinge*, welche gesetzliche Erben wurden; also nicht Ehegatten oder andere Personen. Alle in § 2050 BGB genannten **Zuwendungen** sind nur berücksichtigungsfähig, wenn sie vom Erblasser stammen, unter Lebenden erfolgten und nicht in Erfüllung einer gesetzlichen Pflicht erfolgten (Unterhaltszahlungen an Kinder sind daher keine „Zuwendungen" in diesem Sinne, weil die Unterhaltspflicht eine gesetzliche Pflicht ist). Unentgeltlichkeit wie bei einer Schenkung muss nicht vorliegen. Das von Vater oder Mutter dem Kind gewährte (zurückzuzahlende) **Darlehen** ist keine Zuwendung an das Kind, sondern eine Nachlassforderung. Bei der ohne Mietzahlungspflicht zur Verfügung gestellten Wohnung ist der jeweilige Erlass der Miete eine Zuwendung (umstritten, vgl Soergel/Wolf § 2050 Rz 10).

Für Zuwendungen aus dem **Gesamtgut** (Gütergemeinschaft) enthält § 2054 BGB eine Rechenregel.

aa) Ausstattungen

Hier (§ 2050 Abs. 1 BGB) wird auf § 1624 BGB verwiesen: Zuwendungen mit Rücksicht auf die Verheiratung (aber nicht das Hochzeitsgeschenk), zur Erlangung einer selbstständigen Lebensstellung (zB Gründung einer Anwaltskanzlei, einer Arztpraxis) usw. Sie sind auszugleichen, gleichgültig, ob sie sich im Rahmen der Vermögensverhältnisse des Erblassers gehalten haben oder nicht. Die einer Tochter gewährte **Aussteuer** ist bei der Ausgleichung nur insoweit zu berücksichtigen, als sie die Kosten einer angemessenen Berufsausbildung übersteigt oder neben einer Berufsausbildung gewährt worden ist (BGH NJW 1982, 575).

Beispiel: Zahnarzt E hinterlässt fünf Kinder. Seiner Tochter gab er eine Aussteuer von 14.000 €. Die Tochter hatte ein Internat besucht, die mittlere Reife erlangt und anschließend in der Praxis des Vaters gegen eine überdurchschnittliche Vergütung gearbeitet. Keine Ausgleichung! Selbst wenn sie studiert hätte würde keine Ausgleichung erfolgen (§ 2050 Abs. 2 BGB); unten cc).

bb) Zuschüsse zum Einkommen

Das sind Zuschüsse zum laufenden Bedarf, nicht zB für eine einmalige Urlaubsreise, für einen Autokauf. Sie sind nur auszugleichen, wenn sie die Vermögensverhältnisse des Erblassers übersteigen (§ 2050 Abs. 2 BGB).

Beispiel: Vater V ist Vorstandsvorsitzender und hat ein Monatseinkommen von 25.000 €; 2 Kinder. Sein Sohn S hat eine Anwaltskanzlei aufgemacht, von der er 5 Jahren lang kaum leben kann; bis dahin überweist ihm Vater V monatlich 1.500 € (insgesamt also 90.000 €). Dann stirbt V. Ausgleichung? Handelt es sich um „Unterhalt" liegt keine Zuwendung im Sinne von § 2050 vor, dann ist nichts auszugleichen. Als „Ausstattung" (Existenzgründung) wäre der Betrag auszugleichen; als „Zuschuss zum Einkommen" wegen der sehr guten Einkommensverhältnisse (= Vermögensverhältnisse?) von V nicht. Durch Beweisaufnahme ist zu klären, was vorliegt.

cc) Ausbildungskosten

Darunter fallen Kosten für ein Studium, für die Promotion, nicht für den allgemeinen Schulbesuch. Sie sind nur auszugleichen, wenn sie die Vermögensverhältnisse des Erblassers übersteigen (§ 2050 Abs. 2 BGB).

Beispiel: E ist Hilfsarbeiter und ohne nennenswertes Vermögen. Von seinen drei Kindern lässt er Sohn S studieren, was ihn (neben dem Bafög) noch weitere 30.000 € kostet. Ausgleichungspflichtig.

dd) Sonstige Zuwendungen

Darunter fallen Geldgeschenke, Zuzahlung für ein Auto, eine Reise, Zahlungen zum Hausbau; nicht aber rückzahlbare Darlehen. Solche Zuwendungen sind nur auszugleichen, wenn der Erblasser „bei der Zuwendung die Ausgleichung angeordnet hat" (§ 2050 Abs. 3 BGB). Eine Form ist nicht erforderlich, ebensowenig Ausdrücklichkeit; Formulierungen wie „im Wege der vorweggenommenen Erbfolge" können als stillschweigende Ausgleichungsanordnung auszulegen sein. Vorher, **spätestens gleichzeitig,** muss der Erblasser die Anordnung treffen, so dass der Abkömmling die Zuwendung wegen der damit verbundenen Risiken (zB bei Wertverlust, § 2055 Abs. 2 BGB) ablehnen kann. In der Praxis gibt es fast nur Fälle, in denen nachträglich, zB im Testament die Abrechnung angeordnet wurde; das ist zu spät und genügt nicht (eine Reform ist geplant); notwendig wäre nun ein Erbvertrag usw. Der minderjährige Empfänger braucht nach Ansicht des BGH (NJW 1955, 1353) keine Zustimmung der gesetzlichen Vertreter (§ 107 BGB) zur Entgegennahme der Anrechnungsanordnung.

b) Abkömmlinge

Nur Abkömmlinge des Erblassers (Kinder, Enkel usw) sind ausgleichungspflichtig, nicht andere Verwandte, nicht Stiefkinder, auch nicht Ehegatten. Seit 1. 4. 1998 sind auch ab 1. 7. 1949 geborene nichteheliche Abkömmlinge ausgleichungspflichtig.

Beispiel: E hatte drei Kinder A, B, C; A hat einen Sohn S (= Enkel des E). E schenkt diesem Enkel 20.000 € (Ausstattung) und stirbt dann; er wird von A, B, C gesetzlich zu je 1/3 beerbt. – Die 20.000 € sind nicht von A auszugleichen, weil der Enkel noch nicht gesetzlicher Erbe war, da sein Vater A noch lebte; es sei denn, E hatte etwas anderes angeordnet (§ 2053 Abs. 1 BGB).

Bei **Wegfall eines Abkömmlings** (Vorversterben, Ausschlagung usw) trifft § 2051 Abs. 1 BGB eine Regelung, die dem mutmaßlichem Erblasserwillen, alle Stämme gleichmäßig zu bedenken, Rechnung trägt. Für eintretende Ersatzerben dagegen bestimmt § 2051 Abs. 2 BGB eine Höchstgrenze der Erbbeteiligung.

Beispiel: Der verwitwete E hatte drei Kinder A, B, C. Der A erhielt von E ausgleichungspflichtig 10.000 €, der B 6.000 €; dann starb A kinderlos, hierauf verschied E (Nachlass: 50.000 €). – Gesetzliche Erben sind B und C zu je 1/2. Der Vorempfang des A wird nach dem Verhältnis der Erbquoten auf B (6.000 € + 5.000 €) und C (5.000 €) verteilt, so dass B 22.000 € erhält, C 28.000 €. Im Endergebnis bekommt also B ebensoviel wie C, nämlich 28.000 € (6.000 € + 22.000 €).

Stirbt der ausgleichspflichtige Abkömmling dagegen erst, nachdem er Erbe und damit ausgleichspflichtig wurde, geht seine Ausgleichslast auf seine Erben über (§§ 1922, 1968 BGB); hier spielt § 2051 Abs. 1 BGB keine Rolle.

c) Gesetzliche Erbfolge

Eine Ausgleichung findet grundsätzlich nur bei gesetzlicher Erbfolge statt, also wenn sich die Erbfolge weder nach einem Testament noch nach einem Erbvertrag richtet.

d) Testamentarische Erbfolge

Bei Erbregelung durch Testament oder Erbvertrag findet keine **gesetzliche** Ausgleichung statt. Wenn der Erblasser zwar testiert, aber hierbei nur die gesetzliche Regelung wiederholt, zählt das als „gesetzliche" Erbfolge im Sinne von § 2050 BGB (§ 2052 BGB).

Beispiele: (1) E testiert: „Nach meinem Tod sollen meine drei Töchter Erben zu je 1/3 sein." Muss Tochter T einen Vorempfang ausgleichen? – Ja, obwohl keine gesetzliche Erbfolge vorliegt, wie § 2050 BGB verlangt; aber das Testament entspricht der gesetzlichen Regelung (§ 2052 BGB). (2) E hat seine drei Kinder zu je 18,75% als Erben eingesetzt, bezüglich des Restes einen Freund. Die gesetzliche Erbquote hätte je Kind 1/3 betragen. – Auch das ist ein Fall des § 2052 BGB, weil die Erbquoten der Abkömmlinge untereinander im selben Verhältnis wie die gesetzlichen Quoten stehen.

e) Zeitpunkt der Zuwendung

Hat der Erblasser einem Dritten (zB seiner Freundin) eine Schenkung gemacht, kann der Pflichtteilsberechtigte ggf eine Ergänzung seines Pflichtteils um diese Schenkung verlangen; wenn aber 10 Jahre verstrichen sind, bleibt die Schenkung unberücksichtigt (§ 2325 Abs. 3 BGB). Bei der Ausgleichung von Zusendungen nach §§ 2050ff BGB gibt es dagegen keine Zeitgrenze (noch nach Jahrzehnten können also Studienkosten etc verrechnet werden; das Problem ist der Nachweis).

f) Prozessuale Fragen, Auskunftspflichten

Ob eine Zuwendung ausgleichungspflichtig ist kann nicht **zu Lebzeiten** des Erblassers Gegenstand einer Feststellungsklage (§ 265 ZPO) sein (OLG Karlsruhe NJW-RR 1990, 137), wohl aber nach dem Tode. Die Ausgleichung begründet keinen auf Zahlung gerichteten „Ausgleichsanspruch", sondern modifiziert lediglich die Teilungsquote. Das Problem liegt in der Praxis bei § 2050 Abs. 3 BGB: wer verlangt, dass sich der andere einen Vorempfang anrechnen lässt, muss diesen Vorempfang beweisen (allerdings gibt § 2057 BGB einen Auskunftsanspruch; vgl unten S. 123) und ferner, dass der Erblasser spätestens gleichzeitig mit der Zuwendung die Anrechnungspflicht anordnete, keinesfalls nachträglich.

2. Berechnung des Ausgleichungsbetrages

Bei der Auseinandersetzung wird jedem Miterben der Wert der ausgleichungspflichtigen Zuwendung auf seinen Erbteil angerechnet (§ 2055 Abs. 1 S. 1 BGB). Der Wert der sämtlichen ausgleichungspflichtigen Zuwendungen wird dem Nachlass hinzugerechnet, soweit dieser den Miterben zukommt, unter denen die Ausgleichung stattfindet (§ 2055 Abs. 1 S. 2 BGB). Die Teilungsquote stimmt im allgemeinen dann nicht mehr mit der Erbquote überein.

Die Ausgleichung findet nur unter Abkömmlingen statt, nicht im Verhältnis zu Ehegatten.

Beispiele: (1) E hinterlässt seine drei Kinder A, B, C und einen Nachlass von 60.000 €; A hatte ausgleichungspflichtig 18.000 € erhalten. – Der fiktive Nachlass beträgt somit 78.000 €, davon erhält jedes Kind $1/3$, das sind je 26.000 €; bei A ist der Vorempfang von 18.000 € aber abzuziehen, er bekommt bei der Auseinandersetzung daher nur noch 8.000 €. (2) E hinterlässt Frau (Zugewinngemeinschaft) und Sohn S (Vorempfang 0) sowie Tochter T (Vorempfang 10.000 €); Nachlass 100.000 €. Hier bekommt die Witwe $1/4$ (§ 1931) + $1/4$ (§ 1371), somit 50.000 €; dieser Teil nimmt an der Ausgleichung nicht teil. Für S und T wird ein fiktiver Teilnachlass errechnet, er beträgt 50.000 € + 10.000 € (Vorempfang) = 60.000 €, wovon $1/2$ auf S und $1/2$ auf T entfallen: S erhält also 30.000 € abzüglich null (er war ohne Vorempfang), T erhält 30.000 € abzüglich 10.000 € (Vorempfang), somit nur noch 20.000 €. (3) Hätte im Beispiel (2) auch der Sohn einen Vorempfang (16.000 €) erhalten, würde der fiktive Teilnachlass der Kinder 50.000 € + 10.000 € + 16.000 € = 76.000 € betragen; S erhält dann also 38.000 € abzüglich 16.000 € (Vorempfang) = 22.000 €, T erhält 38.000 € abzüglich 10.000 € (Vorempfang), somit noch 28.000 €.

a) Wertermittlung

Der Nachlass wird nach den Verkehrswerten beim Erbfall bewertet (BGH NJW 1986, 931). Für die anzusetzenden Werte der auszugleichenden Zuwendung kommt es nicht auf den Zeitpunkt der Erbteilung, auch nicht auf den Zeitpunkt des Erbfalls an, sondern auf den **Zeitpunkt der Zuwendung** (§ 2055 Abs. 2 BGB). Werden Aktien etc zugewandt, ist es also gleichgültig, ob sie anschließend steigen oder fallen. Auf die Zuwendung vom Abkömmling gezogene Zinsen und sonstige Erträge bleiben unberücksichtigt.

b) Indexierung

Nach hM (BGH NJW 1975, 1831; NJW-RR 1989, 259, 260) wird die Zuwendung wegen des Kaufkraftschwundes hochgerechnet. Dabei wird auf den Endzeitpunkt des Erbfalls, nicht auf den Zeitpunkt der Erbteilung abgestellt (umstritten, vgl Krug ZEV 2000, 41, 43).

Beispiel: Zuwendung im Jahre 1997: 100.000 €; damaliger Index 97,1; Erbfall 2005; Index 2005: 106. Bei der Ausgleichung (2007) anzusetzender Wert: (100.000 € × 106):97,1 = 109.165,81 €. Der Index von 2007 spielt keine Rolle.

c) Abweichende Regeln bei Mehrempfang

Hat ein Miterbe durch die frühere Zuwendung mehr erhalten, als ihm bei der Auseinandersetzung nach Ausgleichungsregeln zustehen würde, muss er den Mehrempfang nicht an die Miterben zurückzahlen (§ 2056 S. 1 BGB).

Beispiel: E hinterlässt seine drei Kinder A, B, C und einen Nachlass von 60.000 €; Erbquote je $^1/_3$. A hatte früher schon ausgleichungspflichtig 36.000 € erhalten. Fiktiver Nachlass somit 96.000 €, davon erhält jedes Kind $^1/_3$, das sind an sich je 32.000 €; bei A ist der Vorempfang von 36.000 € aber abzuziehen, er bekommt bei der Auseinandersetzung daher nichts mehr, muss aber auch nicht 4.000 € zurückzahlen. B und C teilen sich die 60.000 € im Verhältnis $^1/_3$ zu $^1/_3$, also hälftig (§ 2056 S. 2 BGB); jeder bekommt 30.000 €. Die Indexierung ist im Beispiel noch nicht berücksichtigt.

Gestaffelte Anwendung von § 2056 BGB; sie erfolgt, wenn mehrere Miterben wegen eines zu hohen Vorempfangs ausscheiden.

Beispiel: E hinterlässt seine drei Kinder A, B, C und einen Nachlass von 30.000 €; Erbquote je 1/3. A hatte früher schon ausgleichungspflichtig 80.000 € erhalten, B 40.000 €. Fiktiver Nachlass I somit 150.000 €, davon erhält A an sich 50.000 €, abzüglich 80.000 € Vorempfang, also nichts mehr; A scheidet aus (§ 2056 BGB). Nun wird mit B und C weitergerechnet. Fiktiver Nachlass II (30.000 € + 40.000 € =) 70.000 €; aufzuteilen 1/3 zu 1/3, also hälftig, je 35.000 €. Bei B ist der Vorempfang von 40.000 € abzuziehen, er bekommt daher nichts mehr. Dem C bleibt der ganze Nachlass von 30.000 €.

Auswirkung auf Nachlassverbindlichkeiten. Obwohl in den vorgenannten Fällen der Miterbe, der zuviel erhalten hat, nichts mehr bekommt, bleibt er Mitglied der Erbengemeinschaft. Er kann deshalb von den Nachlassgläubigern in Anspruch genommen werden. Aus § 2056 BGB wird gefolgert, dass er volle Erstattung von den Miterben verlangen könne.

d) Folgen der Ausgleichung für die Nachlassgläubiger; Innenverhältnis

Im Außenverhältnis haften die Miterben den Nachlassgläubigern als Gesamtschuldner (§ 2058 BGB), also kann jeder voll in Anspruch genommen werden (§ 421 BGB); die Ausgleichungspflicht spielt keine Rolle. Die gesamtschuldnerische Haftung entsteht mit der Erbengemeinschaft, sie besteht nach der Auseinandersetzung fort (nun mit Ausnahmen nach §§ 2060, 2061 BGB). Miterbe und damit Gesamtschuldner ist auch noch der, der aufgrund von (hohen) Vorempfängen aus dem Nachlass bei der Teilung nichts mehr erhält (er hätte ausschlagen sollen, das wäre für ihn besser).

Im Innenverhältnis haften die Miterben für die Nachlassverbindlichkeiten im Verhältnis ihrer Erbquoten (§§ 2038 Abs. 2, 748 BGB). Wenn eine Ausgleichung (§ 2050 BGB) stattgefunden hat, ist streitig, ob weiterhin die Erbquote gilt (hM zutreffend, weil es dem Normzweck „Gleichbehandlung“ entspricht) oder die Quote, die sich nach dem errechnet, was jeder Miterbe tatsächlich erhalten hat (Palandt/Edenhofer § 2059 Rz 4).

Beispiel: E hinterlässt seine drei Kinder A, B, C und einen Nachlass von 60.000 €; Erbquote also je 1/3. Aufgrund seines Vorempfangs

(18.000 €) erhält A bei der Teilung nur noch 8.000 €, B und C (ohne Vorempfang) je 26.000 €. Tatsächliche Quote also: A 13,3%; B und C je 43,3%. Hat B einen Nachlassgläubiger mit 21.000 € befriedigt, fragt sich, ob A und C je 7.000 € beitragen müssen; oder ob A nur mit 2793 € und C mit 9.103 € im Innenverhältnis zu beteiligen sind.

3. Leistungen eines Abkömmlings an den Erblasser

a) Allgemeines

Ein Abkömmling, der dazu beigetragen hat, dass das Vermögen des Erblassers erhalten blieb oder vermehrt wurde, kann bei gesetzlicher Erbfolge eine Ausgleichung unter den Abkömmlingen verlangen, die mit ihm als gesetzliche Erben zur Erbfolge gelangen (§ 2057a BGB); der Anspruch ist nicht selbständig, er hängt am Erbteil und wird bei der Auseinandersetzung berücksichtigt; wird prozessiert, ist der Gerichtsstand der Erbschaft (§ 27 ZPO) eröffnet. Der Anspruch ist beim Pflichtteil zu berücksichtigen (§ 2316 Abs. 1 S. 1 BGB). Die Regelung spielt kaum eine Rolle, weil sie weitgehend unbekannt ist. Eine Reform ist geplant.

b) Voraussetzungen des Ausgleichsrechts

Die Ausgleichung findet nicht unter *allen* Miterben statt, sondern nur zwischen den Berechtigten (Abkömmlingen; ab 1. 4. 1998 auch ab 1. 7. 1949 geborene nichteheliche Abkömmlinge) und den Verpflichteten (Abkömmlinge, die gesetzliche Erben sind). Ehegatten sind nicht berechtigt und nicht verpflichtet (Grund: pauschale Abgeltung durch §§ 1931, 1371 BGB).

aa) Positive Voraussetzungen

Die Regelung gilt nur bei gesetzlicher Erbfolge, also nicht bei Erbfolge aufgrund Testament oder Erbvertrag (Ausnahme: die letztwillige Verfügung wiederholt nur das Gesetz, § 2052 BGB); hier findet keine Ausgleichung statt.

Gegenstand der Ausgleichung (es handelt sich um eine schwammige Regelung):

(1) Mitarbeit während **längerer** Zeit im Haushalt, Beruf oder Geschäft des Erblassers;
(2) **Erhebliche** Geldleistungen (was ist erheblich?)
(3) Pflegeleistungen, unter Verzicht (ganz oder teilweise) auf **berufliches** Einkommen, während **längerer** Zeit (§ 2057 a Abs. 1 S. 2 BGB);
(4) Beiträge in anderer Weise (§ 2057 a Abs. 1 S. 1 BGB), zB Lebensmitteleinkäufe, kostenlose Überlassung einer Wohnung.

Unschädlich ist, dass zur Leistung eine Verpflichtung im Sinne von §§ 1619, 1620 BGB bestand (§ 2057 a Abs. 2 S. 2 BGB). Es kommt nicht darauf an, wie lange die Leistungen zurückliegen. Die Beweislast für den Umfang der Leistungen hat, wer Ausgleichung fordert.

Beispiele: (1) Die Wirtstochter T arbeitet 10 Jahre lang gegen Verpflegung und Trinkgeld im Gasthaus des Vaters als Bedienung. Ausgleichungspflicht besteht, aber nur hinsichtlich des unentgeltlichen Teils der Mitarbeit. (2) Die seit vielen Jahren in Frührente befindliche Tochter pflegte den Vater unentgeltlich fünf Jahre lang bis zu seinem Tod. Da sie als Rentnerin nicht auf berufliches Einkommen verzichtet hat, erhält sie keinen Ausgleich.

bb) Negative Voraussetzungen

Die Leistungen des Abkömmlings müssen in **besonderer Weise** zur Vermögenserhaltung bzw Mehrung beigetragen haben (§ 2057 a Abs. 1 BGB); übliche Leistungen zählen also nicht, nur Sonderleistungen. Kurzfristige Hilfeleistungen zählen nicht. Bei Leistungen gegen Bezahlung (oder aufgrund Dienstvertrags, Gesellschaftsrechts usw) kann keine Ausgleichung verlangt werden (§ 2057 a Abs. 2 S. 1 BGB); bei „verbilligter" Bezahlung muss man aufteilen in einen entgeltlichen und einen unentgeltlichen Teil.

Beispiel: Sohn S hat dem Vater zur Wohnungsrenovierung 20.000 € „gegeben". Falls es sich um ein Darlehen handelte, hat der Sohn einen Rückzahlungsanspruch gegen die Miterben aus § 488 BGB, somit aus „einem anderen Rechtsgrund" (§ 2057 a Abs. 2 S. 1 dritte Alt. BGB), so dass eine Ausgleichung entfällt. Liegt kein Darlehen vor, besteht Ausgleichungspflicht.

c) Höhe des in die Ausgleichung einzustellenden Betrages

Der Betrag wird nicht genau errechnet (wenn die Tochter als Kellnerin gearbeitet hat wird also nicht der Tariflohn einer Kellnerin zugrunde gelegt); er wird nach Billigkeitsgrundsätzen festgestellt (im Rechtsstreit vom Gericht), wobei Dauer, Umfang und Wert des Nachlasses zu berücksichtigen sind (§ 2057a Abs. 3 BGB). Es gibt keinen einzigen entschiedenen Fall, der veröffentlicht worden ist.

d) Berechnung der Anteile bei der Auseinandersetzung

Gerechnet wird anders (umgekehrt) als bei § 2055 BGB, weil dort Leistungen an den Abkömmling erbracht wurden, hier Leistungen an den Erblasser. § 2057a Abs. 4 BGB schreibt den Rechenweg schwer verständlich vor.

Beispiel: E hinterlässt Frau (Zugewinngemeinschaft) und drei Kinder A, B, C als gesetzliche Erben; Nachlass 240.000 €. Gesetzlicher Erbteil der Witwe $1/4$ + $1/4$, Anteil der Kinder je $1/6$. A hatte von E 21.000 € ausgleichungspflichtig erhalten, an B sind 6.000 € für Pflegeleistungen auszugleichen. – Die Witwe bleibt außer Betracht, die Ausgleichung findet hinsichtlich A, B, C wegen der restlichen 120.000 € ($1/2$ Nachlass) statt. 120.000 € + 21.000 € (Vorempfang; § 2055) – 6.000 € (Pflegeleistung; § 2057a) = 135.000 €; je Kind $1/3$, also 45.000 €. Somit erhält A bei der Aufteilung 45.000 €–21.000 € = 24.000 €; B: 45.000 € + 6.000 € = 51.000 €; C: 45.000 €; Witwe 120.000 €.

4. Auskunftspflichten

Da die Miterben nicht immer wissen, wie viel ihr Vater bzw ihre Mutter den anderen Abkömmlingen zu Lebzeiten zugewendet hat, bestimmt § 2057 BGB, dass eine wechselseitige Auskunftspflicht besteht über die Zuwendungen, die nach §§ 2050 bis 2053 BGB zur Ausgleichung zubringen sind (§ 2057 BGB). Ein Sachverständigengutachten über den Wert der Zuwendung kann vom Verpflichteten nicht gefordert werden (anders als beim Auskunftsanspruch des Pflichtteilsberechtigten gegen den Erben nach § 2314

BGB). Die Auskunft kann freiwillig erteilt werden (§§ 163, 79 FGG); andernfalls ist vor dem Prozessgericht zu klagen und durch Androhung von Zwangsgeld (§ 888 ZPO) zu vollstrecken. Im Rahmen von §§ 260, 261 BGB kann die eidesstattliche Versicherung der Richtigkeit verlangt werden (§ 2057 S. 2 BGB).

Die Auskunftspflicht erstreckt sich also nicht auf alle Zuwendungen, die ein miterbender Abkömmling jemals vom Erblasser erhalten hat.

XI. Die Auseinandersetzung (Teilung des Nachlasses)

1. Allgemeines zur Auseinandersetzung

Die „Auseinandersetzung" umfasst alle Vorgänge, die zur Aufhebung der Gemeinschaft gehören, also zunächst die Erfüllung der Nachlassverbindlichkeiten, die Abwicklung sonstiger Rechtsbeziehungen, der Verpflichtungsvertrag zwischen den Miterben über die Teilung (der meist stillschweigend geschlossen wird) und sodann der Vollzug durch Verfügungen (zB Übertragung des Eigentums an einzelnen Stücken auf Miterben).

a) Der Anspruch auf Auseinandersetzung

Jeder Miterbe, und sei seine Erbquote noch so klein, kann *jederzeit* die Auseinandersetzung verlangen (§ 2042 Abs. 1 BGB). Der Anspruch unterliegt nicht der **Verjährung** (§§ 2042 Abs. 2, 758 BGB). Das gilt nicht für andere sich auf die Gemeinschaft gründende Ansprüche, zB auf Kostentragung (§ 748 BGB).

b) Einwendungen gegen das Auseinandersetzungsbegehren

Jeder andere Miterbe, der (noch) nicht auseinandersetzen will, kann dem Teilungsverlangen folgendes entgegenhalten:

aa) Ausschluss der Auseinandersetzung durch den Erblasser

(1) Auseinandersetzungsverbot bis zu 30 Jahren. Der Erblasser kann durch Testament (oder einseitig im Erbvertrag) die Auseinandersetzung ganz oder teilweise bis zu 30 Jahre ausschließen (§ 2044 Abs. 1, 2 S. 1, 3 BGB) oder von einer Kündigungsfrist abhängig machen.

Beispiel: Im Testament steht: „Ich setzte meine drei Kinder zu je $^1/_3$ als Erben ein. Der Nachlass darf 30 Jahre lang nicht geteilt werden".

Liegt ein **wichtiger Grund** vor, kann trotzdem vorzeitig (bzw ohne Einhaltung einer Kündigungsfrist) die Auseinandersetzung begehrt werden (§§ 2044 Abs. 1 S. 2, 749 Abs. 2 BGB); diesen Sonderfall kann der Erblasser nicht im Testament ausschließen (§ 749 Abs. 3 BGB), das wäre nichtig. Wichtiger Grund ist zB die Verfeindung der Miterben (Frage des Einzelfalls); dringender Geldbedarf eines Miterben genügt im allgemeinen nicht. Rechtlich ist das Verbot des Erblassers je nach Fallgestaltung als **Vermächtnis** (wenn nur der Anspruch des einzelnen, jederzeit, auch gegen die Meinung der Mehrheit, die Erbengemeinschaft zu sprengen – § 2042 BGB – beschränkt werden soll) oder **Auflage** (wenn sie sich auch gegen den übereinstimmenden Willen aller Miterben durchsetzen soll) einzuordnen; die in § 2194 BGB Genannten könnten dann die Vollziehung der Auflage verlangen (aber der bereits durchgeführten Auseinandersetzung nicht mehr ihrer dingliche Wirkung nehmen).

Ist die Auseinandersetzung **nur auf Zeit** ausgeschlossen, dann tritt das Verbot im Zweifel sofort außer Kraft, wenn ein Miterbe gestorben ist (§ 750 BGB).

Das Verbot des Erblassers wirkt nur schuldrechtlich (vgl § 137 S. 2 BGB), nicht dinglich; vgl unten (3). Es wirkt für und gegen Sondernachfolger (Erbteilserwerber, § 2033), § 751 S. 1 BGB. Es wirkt nicht gegen **Gläubiger** mit einem rechtskräftigen Titel gegen einen Miterben (§ 751 S. 2 BGB). Die Verweisung in § 2044 Abs. 1 S. 2 BGB auf § 1010 Abs. 1 BGB besagt: Gehört ein Grundstück zum Nachlass, wirkt das Auseinanderersetzungsverbot gegenüber einem Grundstückserwerber nur, wenn der Erblasser die Umwandlung der Erbengemeinschaft hinsichtlich des Grundstücks in eine Bruchteilsgemeinschaft gestattet hat und das Teilungsverbot als Anteilsbelastung im Grundbuch eingetragen ist.

Beispiele: (1) Der Vater hat seine Frau (Zugewinngemeinschaft) zu 3/4 und den volljährigen Sohn zu 1/4 als Erben eingesetzt und bestimmt: „Die Auseinandersetzung ist 20 Jahre ausgeschlossen." Wirksam? – Nein, dies ist eine negative Teilungsanordnung und daher nach § 2306 BGB unwirksam, weil S nur einen Erbteil in Höhe des Pflichtteils (§ 2303 BGB) erhalten hat und dieser Pflichtteil nicht zusätzlich beschränkt werden darf. (2) Das Testament lautet: „Der Wald darf bis zu

20 Jahre nach meinem Tod nicht verkauft werden, um den Wald meinen nachrückenden Enkeln zu erhalten." Sind die Enkel Nacherben? Nein, es liegt nur ein befristetes Auseinandersetzungsverbot vor (LG München LG München I FamRZ 1998, 1538).

(2) Länger als 30 Jahre. Der Erblasser kann anordnen, dass der Ausschluss der Auseinandersetzung bis zum Eintritt eines bestimmte Ereignisses in der Personen eines Miterben oder bis zum Eintritt der Nacherbfolge (§ 2139 BGB) oder bis zum Anfall eines Vermächtnisses (§ 2177 BGB) gelten soll (§ 2044 Abs. 2 S. 2 BGB). Ähnliche Regelungen vgl §§ 2109, 2162 und 2011 BGB.

Beispiele: (1) E ist gestorben und hinterlässt seine schwangere Frau F und zwei Kinder. F will sofort auseinandersetzen, weil sie schnell wieder heiraten will und Geld braucht. – Heiraten kann die Frau, mit der Auseinandersetzung muss sie warten, bis der Säugling geboren ist, § 2043 Abs. 1 BGB. Dann hat sie die beabsichtigte Eheschließung dem Familiengericht mitzuteilen, Verzeichnisse des Vermögens der Kinder beim Familiengericht einzureichen (§ 1683 Abs. 1 BGB) und die Auseinandersetzung zu betreiben. (2) E hat angeordnet: „Die Auseinandersetzung ist ausgeschlossen, bis mein Sohn S 50 Jahre alt ist"; der Sohn ist beim Erbfall sechs Jahre alt. Die Auseinandersetzung ist dann 44 Jahre ausgeschlossen (!), das ist hier zulässig (§ 2044 Abs. 1 S. 2 BGB). (3) Gläubiger G hat ein rechtskräftiges Urteil über 20.000 € gegen den Miterben A. Der Erblasser hatte die Auseinandersetzung für 30 Jahre ausgeschlossen. G pfändet den Erbanteil und will ihn verwerten. Die Klausel im Testament steht nicht entgegen (§§ 2044 Abs. 1 S. 2, 751 S. 2 BGB), sonst kämen die Gläubiger erst nach 30 Jahren zu ihrem Geld.

(3) Einigung aller Erben. Alle Miterben können sich einverständlich über das Verbot der Auseinandersetzung hinwegsetzen; es liegt nur ein schuldrechtliches Verbot vor, kein dingliches Verbot, kein Fall des § 134 BGB. Im Grundbuch kann das Verbot nicht eingetragen werden (Sonderfall: § 1010 BGB). Die Verfügungen der Miterben (einstimmig, § 2040 BGB) sind daher wirksam. Will der Erblasser den Verstoß gegen sein Verbot verhindern, muss er eine **vertrauenswürdigen Testamentsvollstrecker** (oder zwei Mit-Testamentsvollstrecker) einsetzen, weil den Erben dann kein Verfügungsrecht zusteht (vgl § 2204 BGB); wenn aber der

Testamentsvollstrecker sich mit allen Erben (und gegebenenfalls vorhandenen Vermächtnisnehmern und Auflagebegünstigten) einigt, kann wiederum trotz des Erblasserverbots auseinandergesetzt werden. Zwar könnte der Erblasser auch dem Testamentsvollstrecker die Auseinandersetzung verbieten (vgl § 2208 BGB), das wäre aber nichtig, weil dann überhaupt niemand (bzw. die Erben) verfügen könnte (vgl § 137 S. 1 BGB).

bb) Noch keine Schuldentilgung

Der teilungsunwillige Miterbe kann einwenden, dass zuvor die Nachlassverbindlichkeiten zu tilgen sind, § 2046 Abs. 1 BGB.

cc) Nachlass nicht teilungsreif

Der teilungsunwillige Miterbe kann einwenden, dass der Nachlass noch nicht „teilungsreif" ist (S. 128).

dd) Noch nicht abgeschlossene Nachlassverwaltung oder Nachlassinsolvenzverfahren

Solange Nachlassverwaltung (§ 1975 BGB; S. 81ff) und Nachlassinsolvenzverfahren (S. 92ff) laufen, kann die Auseinandersetzung nicht verlangt werden, weil den Miterben dann kein Verwaltungsrecht zusteht.

ee) Ausschluss auf Verlangen

Der teilungsunwillige Miterbe kann einwenden, dass noch Aufgebotsverfahren nach §§ 1970, 2061 BGB laufen (§ 2045 BGB), weil der Miterbe nach §§ 2060 Nr. 1, 2061 BGB für Nachlassverbindlichkeiten nur anteilig haftet, wenn der Gläubiger sich nicht rechtzeitig meldet.

ff) Vereinbarter Teilungsausschluss

Natürlich können die Miterben einstimmig untereinander vereinbaren, keine Auseinandersetzung oder erst ab einem bestimmten Zeitpunkt oder mit einer Kündigungsfrist vorzunehmen; hierfür gibt es keine zeitliche Höchstgrenze.

gg) Gesetzlicher Ausschluss

Der Miterbe kann einen Ausschluss nach § 2043 Abs. 1 BGB einwenden, weil eventuell noch ein Miterbe geboren wird (man weiß nicht, ob das Kind die Geburt überlebt oder ob Zwillinge geboren werden); oder weil eine Adoption noch unklar ist (§ 2043 Abs. 2 BGB); die gleichwohl vorgenommene Auseinandersetzung ist aber nicht nichtig.

2. Auseinandersetzung durch Erbteilungsvertrag

a) Grundlagen

Die Erben können einstimmig vereinbaren, wie sie den Nachlass unter sich teilen; dies ist der **schuldrechtliche Vertrag,** der Rechtsgrund (Vergleich, Erlass, Verzicht, Kauf usw). Der Vertrag ist formfrei, kann also auch mündlich bzw stillschweigend geschlossen werden; notarielle Form (wie bei § 2371 BGB) ist nicht erforderlich.

Für den **dinglichen Vollzug** gelten die gesetzlichen Regeln; ein Grundstück, das einem Erben zugeteilt wird, muss also von der „Erbengemeinschaft" an den Miterben aufgelassen werden (§§ 873, 925 BGB; hier ist ein Notar einzuschalten), anschließend ist die Eintragung im Grundbuch erforderlich. Forderungen werden nach § 398 BGB abgetreten, bewegliche Gegenstände (wie Bargeld, Bilder, Möbel) werden durch Einigung und Übergabe übereignet (§ 929 BGB).

Zur **Fallgruppe „Vereinbarung**" gehört auch:

(1) alle anderen Miterben verkaufen (verschenken usw) und übertragen ihre Anteile auf einen Miterben (§§ 2371, 2033 BGB), so dass die Erbengemeinschaft erlischt.

(2) alle anderen Miterben scheiden gegen Abfindung aus der Erbengemeinschaft aus (Abschichtung, S. 67), so dass der eine verbleibende Erbe durch Anwachsung alle Erbanteile erlangt und Alleineigentümer des Nachlasses wird.

(3) alle Miterben schließen eine Schiedsvertrag (§ 1025 ZPO) und beauftragen ein Schiedsgericht mit der Auseinandersetzung.

b) Genehmigungen, Zustimmungen

Im Einzelfall können Zustimmungen Dritter erforderlich sein: steht ein Miterbe unter Vermögensbetreuung, braucht der **Be-**

treuer die Genehmigung des Vormundschaftsgerichts, wenn er einen Erbteilungsvertrag schließen will (§§ 1908i Abs. 1, 1822 Nr. 2 BGB). Ist ein **minderjähriger Miterbe** vorhanden, können nur seine gesetzlichen Vertreter (Eltern) für ihn handeln. Können sie ihn wegen des Interessengegensatzes nicht vertreten, muss vom Familiengericht ein Pfleger bestellt werden. Will ein **Vorerbe** verfügen, kann die Zustimmung des Nacherben erforderlich sein (§ 2113 BGB). Genehmigungen können ferner erforderlich sein zB nach Grundstücksverkehrsgesetz bei land- und forstwirtschaftlichen Grundstücken.

Beispiel: E ist gestorben und von seiner Frau und den beiden Kindern (6 und 12 Jahre alt) beerbt worden. Die Mutter will den Nachlass aufteilen. – Die Mutter kann die Kinder beim Vertrag mit sich nicht vertreten (§ 181 BGB), das Familiengericht muss einen Pfleger bestellen (§§ 1693, 1697, 1909 Abs. 1, 2 BGB); dieser braucht wiederum die Genehmigung des Familiengerichts (§ 1822 Nr. 2 BGB). Bei zwei Kindern bestehen untereinander Interessengegensätze, weshalb uU zwei Pfleger zu bestellen sind (aber nicht, wenn nur Bargeld nach Erbquoten verteilt wird, weil dann kein Interessengegensatz erkennbar ist).

c) Aufstellung und Bewertung des Nachlasses

Eine gütliche Einigung, dh eine Erbteilung durch Vereinbarung, setzt meist voraus, dass Klarheit über den Umfang des Nachlasses und Klarheit über den Wert der Einzelstücke besteht. Zu diesem Zweck sind Aufstellungen anzufertigen:

- Nachlassverzeichnis:
  Sämtliche Nachlassgegenstände sind zusammenzustellen, unterteilt in solche, die in Natur teilbar bzw unteilbar sind; bestrittene Vermögenswerte;
- Bewertung dieser Gegenstände;
- Sämtliche Schulden
  - welche davon sind streitig? Hier ist zu klären, ob prozessiert werden soll;
  - welche Schulden sind unstreitig? Sie müssen vorweg bezahlt werden;
- Realteilung oder Verkauf?

Legen die Miterben Wert darauf, dass jeder wertmäßig soviel erhält, wie seiner Erbquote entspricht, ist meist eine Bewertung erforderlich, insbesondere bei Grundstücken und Unternehmungen. Hier stellen sich Fragen:

- Auswahl des Gutachters (Zustimmung aller Miterben ist erforderlich); dessen Vergütung?
- Kostenaufwand für die Bewertung? (meist wird nach Stunden abgerechnet);
- Hat der Kostenaufwand einen Sinn? (Wert der Bücher laut Gutachten 200 €, 1.000 € für das Gutachten bezahlt);
- Kostentragung (der Nachlass ist grds zahlungspflichtig).

d) Beispiel eines Aufteilungsplans für eine gütliche Teilauseinandersetzung

Unterstellt, es sind drei Miterben A, B, C vorhanden. Erbquoten 1/2, 1/4, 1/4.

Aktivvermögen: ca 365.000 € (darin ca 65.000 € Bankguthaben)

Laufende Nummer des Nachlassverzeichnisses	Gegenstand	Wert	A erhält	B erhält	C erhält
1	Teppich	2.000 €		2.000 €	
2	Wertpapiere	150.000 € Realteilung	75.000 €	37.500 €	37.500 €
3	Karton mit 100 Büchern	300 €			300 €
4	Forderung gegen X, 3.500 €, uneinbringlich	0			0
usw					
Summe		300.000 €	150.000 €	75.000 €	75.000 €

Schulden: ca 20.000 €

	Gläubiger	Nominalwert	Ergebnis
1	Volksbank	7.203,09 €	Vor Aufteilung zu zahlen
2	Dachdeckerbetrieb X	8.900 €	Wird bestritten, Anwaltsauftrag
3	Finanzamt Y	3.000 €	Vor Aufteilung zu zahlen
usw			
		50.000 €	

Da die Schulden noch nicht feststehen, kann noch keine endgültige Auseinandersetzung erfolgen. Für den Fall, dass der Prozess gegen den Handwerker ungünstig ausgeht, wird eine Rückstellung für die Schuld + Prozesskosten von 15.000 € gebildet.

3. Gesetzliche Auseinandersetzungsregeln

a) Vereinbarung der Miterben

Die Miterben können (formlos, aber schriftliche Regelung zu empfehlen) die materiellrechtlichen Regeln vereinbaren.

b) Sind Teilungsanordnungen vorhanden?

Gelingt die Regelung durch Vereinbarung ganz oder teilweise nicht, kommt es darauf an, ob der Erblasser Teilungsanordnungen getroffen hat (§ 2048 BGB); vgl oben S. 101 ff.

c) Vorherige Tilgung der Nachlassverbindlichkeiten

Ist mangels anderweitiger Vereinbarung nach den gesetzlichen Regeln vorzugehen, dann sind zunächst die Nachlassverbindlichkeiten zu begleichen (§ 2046 Abs. 1 S. 1 BGB betrifft die Begleichung vor der Auseinandersetzung, §§ 2042 Abs. 2, 755 regelt die Begleichung bei der Auseinandersetzung). Diese Bestimmung liegt im Interesse der Miterben, da diese nur bis zur Teilung einen Zugriff der Gläubiger auf ihr Eigenvermögen verhindern können, § 2059 BGB. Auch die Pflichtteilsergänzungsansprüche (§ 2325 BGB) sind zunächst zu befriedigen. Zur Geldbeschaffung sind **Nachlassgegenstände zu verkaufen** (§ 2046 Abs. 3 BGB); was verkauft wird (das Gemälde oder das Mobiliar usw), ist einstimmig zu entscheiden, also nicht durch Mehrheitsbeschluss; unwillige Miterben müssen daher nach §§ 2038 Abs. 1 S. 2, 2040 BGB verklagt werden.

Natürlich können die Miterben mit einem Gläubiger vereinbaren, dass ein bestimmter Miterbe bestimmte Schulden in Verrechnung auf seinen Erbanteil allein übernimmt. Ebenso kann sich ein Miterbe im Innenverhältnis verpflichten, bestimmte Schulden allein zu tilgen.

Nachlassgläubiger können sich nicht auf § 2046 BGB berufen; ihre Stellung richtet sich nach §§ 2058 ff BGB (S. 73 ff).

aa) Ist ein Miterbe Gläubiger der Erbengemeinschaft?

In diesem Fall tritt durch den Todesfall keine Vereinigung (Konfusion) ein. Grundsätzluch kann der Miterbe vor der Auseinandersetzung die Begleichung seiner Forderung verlangen, schon deshalb weil sich die Auseinandersetzung längere Zeit hinziehen kann, die Forderung aber jetzt schon fällig ist. Wegen seiner Doppelstellung (Miterbe, Gläubiger) muss sich der Miterbe allerdings Einschränkungen aus Treu und Glauben gefallen lassen; es kommt darauf an, ob ihm ein Zuwarten zumutbar ist.

Beispiel: der Sohn A ist (neben B, C) Miterbe zu $^1/_3$; er hatte dem verstorbenen Vater ein Darlehen von 30.000 € gegeben. Dann schuldet die Erbengemeinschaft bestehend aus A, B, C dem A 30.000 € und nicht etwa schulden B und C dem A 20.000 €. Da A sich selbst nicht verklagen kann, kann er nur B und C verklagen (das genügt für die Vollstreckung, § 747 ZPO) auf Zahlung von 30.000 € aus dem Vermögen der Erbengemeinschaft (zu der er selbst gehört) an sich. Wenn aber bei der Teilung auf den A sicher mehr als 20.000 € entfallen werden und dem A ein Warten bis dahin zuzumuten ist (Frage des Einzelfalls), dann wird A abgewiesen werden (§ 242 BGB).

Ist ein Miterbe Gläubiger und zugleich Schuldner von Nachlassforderungen, dann scheint es so zu sein, dass er zunächst seine Schuld an den Nachlass begleichen muss, dann verlangt er Begleichung seiner Forderung und schließlich erfolgt die Auseinandersetzung. Fraglich ist, ob ein Zurückbehaltungsrecht (§ 273 Abs. 1

BGB) besteht; das RG (WarnR 1910 Nr. 141) hatte dies verneint, da sonst die Erbschaft nicht reguliert werden könne; man wird wohl auf den Einzelfall abstellen müssen.

bb) Forderungen eines Miterben aus dem Gemeinschaftsverhältnis

Hat ein Miterbe eine Forderung gegen die anderen Miterben oder gegen die Erbengemeinschaft aus dem Gemeinschaftsverhältnis, kann er bei der Auseinandersetzung bevorzugte Befriedigung aus dem Auseinandersetzungsguthaben der Miterben fordern (§§ 2042 Abs. 2, 756 BGB). Der Gemeinschaftsgenosse soll dadurch bevorzugt werden.

Beispiel: Miterben sind A, B und C zu je 1/3. A hat im Einvernehmen mit B und C aus eigenem Geld 15.000 € für die Reparatur des Nachlasshauses aufgewandt. Das Haus wird für 30.000 € verkauft. A hat einen Aufwendungsersatzanspruch und kann sich vorzugsweise aus den Anteilen, die auf B und C entfallen, befriedigen, also dem Nachlass zuvor 15.000 € entnehmen, erst dann wird geteilt. Bei Nachlassinsolvenz wäre dies für A von Vorteil: er könnte sich abgesondert befriedigen (§ 84 InsO) und müsste seinen Anspruch insoweit nicht zur Tabelle anmelden.

cc) Streitige oder nichtfällige Verbindlichkeiten

In den streitigen Fällen (zB ob eine Handwerkerforderung zu Recht besteht oder Mängel vorliegen) klagt in der Regel ohnehin der Gläubiger, so dass Klarheit entsteht, ob die Forderung besteht oder nicht. Andernfalls müsste nach § 2046 Abs. 1 S. 2 BGB der zur Tilgung erforderliche Geldbetrag nebst mutmaßlicher Prozesskosten in der Erbengemeinschaft bleiben, die Erbengemeinschaft dürfte also nicht vollständig auseinandergesetzt werden. Anderweitige Vereinbarungen mit dem Gläubiger sind in den Fällen nichtfälliger Verbindlichkeiten üblich.

dd) Nachlassverbindlichkeiten nur einzelner Miterben

Beispiel: Der Erblasser hat drei Erben A, B C eingesetzt und dem A (also nicht allen Erben!) auferlegt, an die Dompfarrei 10.000 € zu zahlen (Vermächtnis, § 2147 BGB). Nach § 2042 Abs. 1 BGB muss die Berichtigung vor Nachlassteilung erfolgen, nach § 2046 Abs. 2 BGB ist aus dem Überschuss des A das Vermächtnis zu bezahlen. Die Miterben müssen für die Einzel-Vermächtnis nicht aufkommen.

d) Aufteilung des Überschusses

Der Überschuss (Nachlass abzüglich Nachlassverbindlichkeiten zuzüglich ausgleichspflichtige Zuwendungen, § 2055 Abs. 1 S. 2 BGB) ist unter Beachtung der Ausgleichungspflichten (§§ 2050 ff BGB) nach den Erbquoten aufzuteilen (§ 2047 Abs. 1 BGB):

aa) Teilbare Gegenstände

Teilbare Gegenstände, auch teilbare Ansprüche und Rechte, werden aufgeteilt (zB Guthaben, Bargeld, Aktien, Anleihen, Sammlermünzen gleicher Art und gleicher Erhaltung, zB 10 Euro-Sonderprägungen der Bundesrepublik).

bb) Unteilbare Gegenstände

Dazu gehören zB Grundstücke, Möbel, Wohnungseinrichtung, Bücher, Computer, Ölgemälde, Briefmarkensammlungen) sind zu verkaufen (bei Grundstücken evtl durch Zwangsversteigerung nach § 180 ZVG; vgl S. 136), der Erlös ist aufzuteilen, § 753 BGB. Eine Aufteilung unteilbarer Gegenstände auf die Miterben (zB des Mobiliars) lässt sich nicht erreichen, wenn nicht alle Miterben damit einverstanden sind.

cc) Familienpapiere

Das Gesetz nennt sie „Schriftstücke, die sich auf die persönlichen Verhältnisse des Erblassers, auf dessen Familie oder auf den ganzen Nachlass beziehen". Dazu gehören Ahnentafeln, Abstammungsunterlagen, Taufschein des Erblassers usw: hier kann keine Teilung verlangt werden (§ 2047 Abs. 2 BGB); diese Papiere bleiben also in der Gesamthand. In der Praxis werden sie meist einverständlich aufgeteilt.

4. Auseinandersetzung durch Testamentsvollstrecker

Hat der Erblasser Testamentsvollstreckung für alle Erbteile und ohne Besonderheiten angeordnet, nimmt der Testamentsvollstrecker die Auseinandersetzung nach den gesetzlichen Regeln vor (§ 2204 BGB); nach billigem Ermessen, wenn ihm dies vom Erblasser im Testament gestattet wurde (§ 2048 S. 2 BGB). Die Erben können sich dann nicht selbst gegen den Willen des Testamentsvollstreckers auseinandersetzen. Mit Zustimmung des Testamentsvollstreckers ist es aber natürlich möglich.

Hat der Erblasser im Testament ein **Schiedsgericht** zur Entscheidung über den Auseinandersetzungsanspruch eingesetzt (§ 1025 BGB), entscheidet dieses.

5. Antrag auf Teilungsversteigerung eines Grundstücks

a) Antrag eines Miterben

aa) Erblasser war Alleineigentümer eines Grundstücks

War der Erblasser Alleineigentümer eines Grundstücks (bzw einer Eigentumswohnung, eines Erbbaurechts) und wird er von mehreren Personen beerbt, kann jeder Miterbe zwecks Aufhebung der Erbengemeinschaft am Grundstück den Antrag auf Teilungsversteigerung stellen; § 180 ZVG. Das Verfahren ist sinnvoll, weil die Miterben dann meist verhandlungsbereit werden, etwa dahin, dass das Grundstück über einen Makler zum Verkauf angeboten wird oder von einem Miterben zu einem bestimmten Preis übernommen wird.

(1) Der **Antrag** wird gerichtet an das Amtsgericht (Versteigerungsgericht; §§ 1, 15 ZVG) und enthält das Begehren, die Zwangsversteigerung des Grundstücks Flurnummer … eingetragen im Grundbuch … anzuordnen. Gehören mehrere Grundstück zum Nachlass kann die Versteigerung aller oder nur einzelner Grundstücke beantragt werden. Zweckmäßig ist, den Erbschein mit den Anschriften aller Miterben und eine Abschrift des Grundbuchauszugs beizufügen. Ein Vollstreckungstitel ist nicht notwendig. Anwaltszwang besteht für den Antrag nicht. Eine Zustimmung der anderen Miterben ist nicht erforderlich; sie können das Verfahren nicht verhindern (Ausnahme zB: wenn der Erblasser die Teilung verboten hat), wohl aber ver-

zögern (S. 138). Steht der den Antrag stellende Miterbe unter Betreuung ist die Genehmigung des Vormundschaftsgerichts beizufügen (§ 181 Abs. 2 Satz 2 ZVG). „Beteiligt" am Verfahren sind alle Miterben und jeder, der Nießbrauchs- oder Pfandrechte an Erbteilen hat. Die anderen Miterben werden zum Antrag (schriftlich) gehört.

(2) Das Gericht erlässt hierauf einen **Anordnungsbeschluss;** er wird den Beteiligten (dh den Miterben) zugestellt. Im Grundbuch wird der Zwangsversteigerungsvermerk eingetragen.

(3) Sodann erholt das Gericht **Schätzgutachten** und setzt den Wert fest (§ 74a Abs. 5 ZVG).

(4) Schließlich wird ein **Versteigerungstermin** bestimmt und bekannt gemacht.

(5) Es folgt die **Versteigerung.** Hier kann jeder Miterbe und jeder andere (auch fremde Leute!) mit bieten (außer der Erblasser hat den zur Versteigerung zugelassenen Personenkreis im Testament begrenzt, zB dass nur die Miterben mit bieten dürfen; §§ 2044 Abs. 1, 749, 753 BGB). Der Zuschlag wird dem Meistbietenden erteilt, einen **Mindestpreis** gibt es im ersten Termin, im zweiten Versteigerungstermin aber nicht mehr (§ 85a Abs. 2 S. 2 ZVG). Der Zuschlag kann in bestimmten Fällen versagt werden (§§ 83 bis 85a ZVG). Wenn ein **Miterbe das Grundstück einsteigert,** hat er den Zuschlagsreis in voller Höhe an die Erbengemeinschaft zu zahlen, darf also die Zahlung nicht um seine Erbquote kürzen (Zeller/Stöber ZVG § 180 Rz 17.2); verrechnet wird später.

(6) Das **Erlös** aus der Versteigerung wird in einem **Verteilungstermin** auf der Basis des vom Gericht erstellten **Teilungsplans** verteilt (§ 117 ZVG). Es steht der Erbengemeinschaft als Gesamthand zu (wird somit nicht vom Gericht ohne weiteres nach Erbquoten an die Miterben überwiesen); das Erlös muss also noch auseinandergesetzt werden (zB indem alle Miterben mit der Auszahlung bestimmter Beträge einverstanden sind; andernfalls wird der Erlös bis dahin hinterlegt, § 117 Abs. 2 S. 3 ZVG). Die Teilungsversteigerung ist also nur eine Vorstufe des (freiwilligen oder erzwungenen) Auseinandersetzungsverfahrens.

bb) Erblasser war nur Miteigentümer eines Grundstücks

War der Erblasser nur Miteigentümer eines Grundstücks, fällt nur dieser Anteil an die Erbengemeinschaft. Es sind nun **zwei Gemeinschaften** ineinander **verschachtelt.** Hier kann jeder Miterbe entweder nur die Versteigerung des Miteigentumsanteils der Erbengemeinschaft beantragen (sog. kleines Antragsrecht) oder zugleich die Aufhebung der Miteigentümergemeinschaft (sog. **großes Antragsrecht**). Sinnvoll ist nur letzteres, weil es keine Käufer für Miteigentumsanteile gibt. Deshalb sollte man in den Antrag ausdrücklich schreiben, dass beantragt wird, das Gesamtgrundstück zur Versteigerung zu bringen.

Beispiel: die Eheleute M und F sind Miteigentümer zu je $1/2$. M stirbt und wird von seiner Frau zu $1/2$ und seinen beiden Kindern zu je $1/4$ beerbt. Dann gehört das Grundstück wirtschaftlich der Witwe F zu $3/4$, den beiden Kindern zu je $1/8$.

cc) Kosten

Die Gerichtsgebühren richten sich nach dem GKG (GKG KV 2210 ff); ins Gewicht fallen vor allem die Gebühren des Sachverständigen für das Schätzgutachten. Die Gerichtsgebühren sind von den Miterben im Verhältnis ihrer Erbquoten zu tragen.

Die Anwaltsgebühren ergeben sich aus RVG VV 3309 ff. Ausgangspunkt ist grds der Verkehrswert des Grundstücks (Einzelheiten § 26 RVG).

b) Einwendungen der anderen Miterben, die keine Versteigerung wollen

Jeder Miterbe kann den Ablauf des Versteigerungsverfahrens verzögern bzw ganz blockieren; was sinnvoll ist hängt vom Einzelfall ab (und von den Kosten, die man aufwenden will):

(1) **Erinnerung** gegen den Beschluss des Rechtspflegers über die Anordnung der Versteigerung (§ 766 ZPO), wenn eine von Amts wegen zu beachtende Voraussetzung fehlte.

(2) **Sofortige Beschwerde** gegen den Beschluss des Rechtspflegers, wenn zuvor kein rechtliches Gehör gewährt wurde (§ 793 Abs. 1 ZPO). Hiergegen Rechtsbeschwerde zum BGH nur bei Zulassung (§ 574 ZPO).

(3) **Beitritt** des anderen Miterben zum Verfahren (§§ 180 Abs. 1, 27 ZVG), damit er bessere Mitwirkungsrechte hat.

(4) Erhebung einer **Drittwiderspruchsklage** mit dem Antrag, die Zwangsversteigerung für unzulässig zu erklären (und nach §§ 771, 769 ZPO einstweilen einzustellen), zB weil die Miterben durch Vereinbarung die Teilung ausgeschlossen haben; oder weil im Testament ein (im Grundbuch nicht eingetragenes) Auseinandersetzungsverbot angeordnet wurde (das wiederum kann bekämpft werden, weil bei wichtigem Grund davon abgewichen werden kann; vgl S. 126); Rechtsmissbrauch (§ 242 BGB).

(5) Antrag auf einstweilige **Einstellung des Verfahrens** für längstens sechs Monate (§ 180 Abs. 2 S. 1 ZVG), zB mit der Begründung, es liefen Vergleichsverhandlungen; es würden sogleich werterhöhende Reparaturarbeiten durchgeführt (BGH Rpfleger 1981, 187). Frist: innerhalb von zwei Wochen ab Zustellung des Anordnungsbeschlusses (§ 30b ZVG). Kurz vor Ablauf der sechs Monate Wiederholung dieses Antrags (§ 180 Abs. 2 S. 2 ZVG). Gegen eine Ablehnung ist sofortige Beschwerde zulässig. Bei Ehegatten als Miteigentümern gibt es zusätzlich besondere Einstellungsmöglichkeiten (§ 180 Abs. 3 ZVG).

(6) Jeder Miterbe kann unverzüglich ein **gerichtliches Aufgebotsverfahren** (§ 1970 BGB) beantragen, dann muss die Auseinandersetzung aufgeschoben werden (§ 2045 BGB; Einrede). Denn vor Teilung sind die Nachlassverbindlichkeiten zu erfüllen (§ 2046 BGB), also sind ggf zuerst die Gläubiger zu ermitteln.

(7) Jeder Miterbe kann unverzüglich die Nachlassgläubiger öffentlich (dh im Bundesanzeiger usw) auffordern, ihre Forderungen binnen sechs Monaten anzumelden (sog. **Privataufgebot**); dann muss die Auseinandersetzung aufgeschoben werden (§§ 2061, 2045 BGB; Einrede).

(8) Wenn der Erblasser im Testament die **Teilung ausgeschlossen** hat (§ 2044 BGB) und dieser Ausschluss im Grundbuch eingetragen sein sollte, kann die Versteigerung nicht stattfinden (§ 28 ZVG); das ist von Amts wegen zu beachten.

(9) Ebenso ist es, wenn **sonstige Teilungsverbote** bestehen (vgl. S. 101), etwa die zu erwartende Geburt eines Miterben; § 2043 BGB.

(10) Antrag, das Verfahren nach § 765a ZPO wegen **sittenwidriger Härte** einstweilen einzustellen (etwa weil eine das Haus bewohnende Miterbin schwer krank ist und das Ableben bevorsteht).

(11) Sobald das **Wertgutachten** vorliegt, können **Gegenvorstellungen** erhoben werden. Wenn das Gericht den Wert festgesetzt hat, kann hiergegen sofortige Beschwerde eingelegt werden (§ 74a Abs. 5 S. 3 ZVG) mit der Begründung, der Verkehrswert sei höher, betrage mindestens ..., was näher darzulegen ist.

(12) Sofortige Beschwerde gegen den **Zuschlagsbeschluss** (§ 96 ZVG), wenn Zuschlagsversagungsgründe nicht beachtet wurden (§§ 83 bis 85a ZVG).

6. Vermittlung der Auseinandersetzung durch das Nachlassgericht

Hinterlässt ein Erblasser mehrere Erben, so hat das Nachlassgericht auf Antrag (zB eines Miterben) die Auseinandersetzung in Ansehung des Nachlasses zwischen den Miterben zu vermitteln (§ 86 Abs. 1 FGG). Da aber schon der Widerspruch eines Beteiligten das Verfahren scheitern lässt (vgl § 91 Abs. 1 FGG), hat das gerichtliche Vermittlungsverfahren in der Praxis keine Bedeutung. Jedoch können hier Fristen gesetzt werden, so dass Nichtstun für einen uninteressierten Miterben nachteilig ist. Wehrt sich ein Miterbe, hat das Verfahren nur einen Sinn, wenn der antragstellende Miterbe hofft, dass der Rechtspfleger im Termin eine Einigung erzielt.

Das Gesetz geht grundsätzlich von zwei Verfahrensabschnitten aus: (1) Das Nachlassgericht (Rechtspfleger) setzt, wenn der Antrag ordnungsgemäß ist (Angabe der Miterben, der Aktiv- und Passivposten des Nachlasses, § 87 FGG), einen Verhandlungstermin an, wozu alle Miterben geladen werden. Hier kann zB der

Wert des Nachlasses, Ausgleichszahlungen, Vorempfänge besprochen werden. Erscheinen alle Miterben und wird hier eine Einigung erzielt, ist sie zu protokollieren (§ 91 Abs. 2 FGG). **Widerspricht ein erschienener Miterbe, gibt es keine Einigung** (ob es genügt, wenn ein Miterbe schriftlich widerspricht, aber nicht erscheint, ist streitig), sie kann vom Nachlassgericht nicht erzwungen werden. Erscheint ein Miterbe nicht (das Erscheinen eines Vertreters mit Vollmacht genügt), wird beurkundet, was der oder die erschienenen Miterben vorschlagen (§ 91 Abs. 1 S. 2 FGG) und dem nicht erschienenen Miterben zugestellt. Ihnen wird vom Nachlassgericht eine Frist gesetzt, binnen derer sie einen neuen Termin verlangen können (das sollte unbedingt geschehen!). Tun sie das nicht, bestätigt das Nachlassgericht die „Vereinbarung" (§ 91 Abs. 3 S. 4 FGG). Haben die nicht erschienenen Miterben die Frist wegen Erkrankung usw versäumt, können sie binnen zwei Wochen Wiedereinsetzung beantragen (§ 92 FGG).

Beantragt der früher nicht erschienene Miterbe einen neuen Termin, werden alle Miterben zum neuen Termin geladen. Erscheint nun dieser Miterbe und widerspricht dem Vorschlag, gibt es keine Einigung. Erscheint der Miterbe wieder nicht, wird eine Vereinbarung fingiert und vom Gericht durch Beschluss bestätigt.

(2) Sobald möglich erstellt das Nachlassgericht einen Auseinandersetzungsplan (§ 93 FGG), wobei es den Plan eines anderen Beteiligten übernehmen kann. Dabei besteht eine Bindung an die nach § 91 FGG getroffenen „Vereinbarungen". Widerspricht ein erschienener Miterbe dem Plan, ist das Verfahren gescheitert (§§ 91, 95 FGG). Wird ein Plan durch Gerichtsbeschluss bestätigt, ist dagegen die sofortige Beschwerde möglich (§ 96 FGG), *sofern* Verfahrensmängel gerügt werden. Doch kann der nicht einverstandene Miterbe den Eintritt der Rechtskraft auch dadurch (und wirksamer) hindern, dass er Klage gegen die anderen Miterben auf Zustimmung zu einem eigenen Auseinandersetzungsplan erhebt.

Gegen inhaltliche Mängel des **Auseinandersetzungsplans** könnte wegen § 98 FGG nur mit einer Vollstreckungsgegenklage (§ 767 ZPO) bzw Feststellungsklage (§ 256 ZPO) vorgegangen werden; im übrigen kann die Auseinandersetzungsvereinbarung wie jeder andere Vertrag wegen Irrtums angefochten usw werden.

Beispiel: Miterben sind Sohn S und Tochter T zu je $1/2$. S beantragt die Vermittlung der Auseinandersetzung und erscheint im Termin; ebenso T. Wenn T mit der vorgeschlagenen Teilung nicht einverstanden ist und dies zu Protokoll erklärt, ist das Verfahren gescheitert.

Die gerichtliche **Gebühr** richtet sich nach § 116 KostO. Zahlungspflichtig ist der Antragsteller; jedoch haften alle Miterben (auch die, die keinen Antrag gestellt haben), § 116 Abs. 6 KostO. Eventuelle Anwaltskosten hat jede Seite selbst zu tragen (§ 13a FGG). Geschäftswert ist der Wert des Vermögens, das auseinandergesetzt werden soll, ohne Abzug der Schulden.

7. Vermittlung der Auseinandersetzung durch Notare etc

Jedes Bundesland kann Regelungen treffen, wonach die Vermittlung der Auseinandersetzung auch durch Notare (anstelle des Gerichts) versucht werden kann (§ 193 FGG; Notargebühren: § 148 KostO). Solches Landesrecht (jeweils unterschiedlich) gibt es in Baden- Württemberg (Art. 38 BaWü LFGG), Bayern (Art. 38 BayAGGVG), Niedersachsen (Art. 14 NdsFGG), Nordrhein-Westfalen (Art 21 PreussFGG). Praktische Bedeutung haben diese Bestimmungen nicht.

Im Übrigen kann im ganzen Bundesgebiet jeder Notar oder Rechtsanwalt beauftragt werden, gebührenpflichtig eine Auseinandersetzung zu vermitteln, sonstige Personen im Rahmen des Rechtsberatungsgesetzes bzw des Rechtsdienstleistungsgesetzes 2008.

8. Mediation

Es handelt sich hier um eine aus dem amerikanischen Rechtswesen kommende Bezeichnung für außergerichtliche Konfliktbehandlung. Ein von beiden Streitparteien beauftragter Anwalt, der hier als **neutraler Dritter** fungiert, versucht eine Streitschlichtung (vgl Risse ZEV 1999, 205). Das Honorar, das auch bei Erfolglosigkeit zu zahlen ist, sollte vorher mit dem Anwalt vereinbart werden, weil es keinen festen Tarif dafür gibt (§ 34 RVG). Das Verfahren hat keine praktische Bedeutung.

Zu beachten ist, dass ein Anwalt nicht beide Seiten vertreten kann (Parteiverrat). Wenn die Miterben A und B miteinander streiten und A einen Anwalt beauftragt, darf dieser Anwalt den B in dieser Sache nicht ebenfalls beraten bzw vertreten.

9. Gerichtliche Zuweisungsverfahren eines landwirtschaftlichen Betriebs

Gehört ein landwirtschaftlicher Betrieb auf Grund gesetzlicher Erbfolge einer Erbengemeinschaft, kann das AG (Abt. Landwirtschaftsgericht) auf Antrag den Betrieb einem Erben zuweisen (§§ 13 bis 17, 33 GrdstVG); die weichenden Miterben erhalten eine „kleine" Abfindung (vgl § 2049 BGB). Im Geltungsbereich der Höfeordnung trifft die HöfeO Sonderregelungen.

10. Erbteilungsklage

Können sich die Miterben nicht einigen muss ein Miterbe (oder mehrere Miterben) die anderen Miterben auf Zustimmung zu einem vom Kläger nach den gesetzlichen Regeln (§§ 2042 Abs. 2; 752 BGB) aufgestellten detaillierten Teilungsplan verklagen. Das Urteil ersetzt dann, sobald es rechtskräftig ist, die Willenserklärung des widerstrebenden Miterben.

Beispiel: Der gesamte (schon schuldenfreie) Nachlass besteht aus 120.000 €, die auf einem Konto bei der Bank liegen. Drei Miterben (A, B, C) zu je 30% und ein vierter Miterbe D (mit 10%) sind vorhanden. Die Bank führt den Überweisungsauftrag, unterschrieben von A, B, C auf Überweisung von je 36.000 € an A, B, C und 12.000 € an D nicht aus, weil die Unterschrift von D fehlt; D weigert sich. Wenn A, B, C (oder einer allein) den D mit Erfolg verklagen, dass er der Auszahlung zustimmen muss, gehen A, B, und C zur Bank und unterschreiben den Überweisungsauftrag, die Unterschrift des D ersetzen sie durch Vorlage des rechtskräftigen Urteils.

Zu beachten ist, dass eine Erbteilung, die weder dem Testament noch den gesetzlichen Regeln entspricht, nicht erzwingbar ist.

Beispiel: E hinterlässt zwei Kinder (K, B) und zwei Eigentumswohnungen (etwa gleichwertig). Ein Teilungsplan „K erhält die Wohnung in München, B die Wohnung in Nürnberg" ist nicht durchsetzungsfähig, wenn B damit nicht einverstanden ist. Anders wäre es nur, wenn der Erblasser eine entsprechende Teilungsanordnung erlassen hätte. Die Wohnungen müssen versteigert werden (S. 136, Teilungsversteigerung), wobei K die Wohnung, die er haben will, einsteigern kann, wenn er der Höchstbietende ist.

a) Vorbereitende Klagen

Erbteilungsklagen haben ein hohes Prozessrisiko (S. 145), sie sind daher sehr selten. In manchen Fällen sollte die Klage durch andere Klagen vorbereitet werden.

aa) Antrag auf Teilungsversteigerung eines Grundstücks

Dieses Verfahren kann jeder Miterbe allein betreiben. Folge ist, dass das Grundstück in Geld umgesetzt ist und die Auseinandersetzung dadurch erleichtert wird (der Nachlass wird dadurch „teilungsreif" gemacht); vgl S. 136.

bb) Feststellungsklagen

Eine auf Feststellung einzelner Streitpunkte gerichtete Klage (§ 256 ZPO) ist vor Abschluss der Erbauseinandersetzung nur zulässig, wenn eine solche Feststellung der Klärung der für die Auseinandersetzung maßgebenden Grundlagen dient und die Erbauseinandersetzung hierdurch entlastet wird (BGH NJW-RR 1990, 1220; OLG Köln ZEV 2004, 508). Beispiel: ob eine Ausgleichspflicht (vgl S. 113) besteht.

cc) Auskunftsklage

Ein Teilungsplan setzt eine vollständige Darstellung des gesamten Aktivvermögens und der Schulden voraus. Wenn ein Miterbe zu Lebzeiten des Erblassers dessen Vermögen verwaltete und nun keine Unterlagen herausgibt, kann ein anderer Miterbe faktisch keine Auseinandersetzungsklage erheben, weil er zu wenig Informationen hat. Das BGB gibt zwar Pflichtteilsberechtigten usw Auskunftsansprüche gegen den Erben, der Miterbe aber hat keinen allgemeinen Auskunftsanspruch gegen andere Miterben (BGH

NJW-RR 1989, 450); allenfalls aus „Treu und Glauben" wird ein solcher Anspruch bejaht. Als Mitglied der Erbengemeinschaft kann er sich allerdings nur beschränkt die Kenntnisse verschaffen, die er braucht, um eine Teilungsklage durchzusetzen: so kann er Einsicht ins Grundbuch nehmen (§ 12 GBO); allerdings muss er zunächst wissen, in welchen Grundbuchbezirken Grundbesitz des Erblassers liegt. Als Miterbe kann er auch Auskunft von Banken und Versicherungen etc verlangen.

Im Übrigen ist er auf Hilfsansprüche angewiesen. **Auskunftsansprüche** bestehen

(1) gegen Erbschaftsbesitzer, auch wenn sie zugleich Miterben sind (§ 2027 BGB); Beispiel: ein Miterbe besitzt Nachlass, weigert sich aber anzugeben, worum es sich handelt.
(2) gegen den mit dem Erblasser in häuslicher Gemeinschaft lebenden Miterben (§ 2028 Abs. 1 BGB); zB gegen die Schwester, wenn sie mit der verstorbenen Mutter in der selben Wohnung lebte.
(3) Gegen einen Miterben, wenn er ausgleichungspflichtige lebzeitige Zuwendungen (S. 123) vom Erblasser erhalten hatte (§ 2057 BGB).
(4) Gegen einen Miterben, wenn er aufgrund Auftrags der Miterben die wirtschaftliche Verwaltung des Nachlasses übernahm, § 666 BGB. Der Auftrag kann auch mündlich erteilt worden sein.
(5) In seltenen Ausnahmefällen aus Treu und Glauben (§ 242 BGB); vgl BGH NJW 1986, 1755.

b) Die Klage auf Zustimmung zum Teilungsplan

Zuständig ist das Wohnsitzgericht aller Beklagten (§§ 12, 13ff ZPO) oder der Gerichtsstand der Erbschaft (letzter Wohnsitz des Erblassers, § 27 ZPO; Wahlrecht des Klägers nach § 35 ZPO); Streitwert ist der Betrag, den der Kläger für sich beansprucht (BGH NJW 1975, 1415). Es muss (je nach Streitwert) vor dem AG oder LG (ab 5.000,01 €) geklagt werden. Solche Klagen sind in der Praxis sehr selten, weil sie erhebliche **juristische Risiken** aufweisen. Der Beklagte kann etwa behaupten, der Nachlass sei noch nicht „teilungsreif", weil zuvor noch (da unteilbar) einige Bücher verkauft werden müssten; oder es stünde noch nicht fest, ob nicht doch noch weitere Schulden vorhanden sind.

Der **Klageantrag** ist auf Zustimmung zu einem vom Kläger nach den gesetzlichen Regeln (§§ 2042 Abs. 2; 752 BGB) aufgestellten detaillierten Teilungsplan zu richten (OLG Düsseldorf FamRZ 2000, 1049). Da der Teilungsplan vom Gericht nicht ohne weiteres *geändert* werden kann (vgl § 308 ZPO), sind manchmal Hilfsanträge erforderlich. Ist bei drei Miterben (K, B, X) der X mit dem Vorschlag des Klägers K einverstanden, muss er nicht verklagt werden (Palandt/Edenhofer § 2042 Rz 16); er sollte aber zur Vermeidung von Kostennachteilen zur schriftlichen Zustimmung aufgefordert werden. Die Miterben sind keine „notwendigen" Streitgenossen im Sinne von § 62 ZPO, jeder kann sich anders verteidigen.

Beispiele für Klageanträge:

(1) „Der Beklagte wird verurteilt, folgendem Teilungsplan zuzustimmen: von dem Guthaben auf dem Nachlasskonto Nr. ... bei der Sparkasse ... in Höhe von 100.000 € werden 60.000 € an den Kläger ausgezahlt, 30.000 € an den Beklagten und 10.000 € an die Miterbin X ...".

(2) Oder: „Der Beklagte wird verurteilt, folgendem Teilungsplan zuzustimmen: das Grundstück ... wird zum Preis von ... verkauft. Sodann werden die Nachlassverbindlichkeiten bei der Raiffeisenbank ... getilgt. Vom restlichen Guthaben auf dem Nachlasskonto Nr. ... bei der Sparkasse ... werden 60% an den Kläger ausgezahlt, 30% an den Beklagten und 10% an die Miterbin X ...".

(3) „Es wird festgestellt, dass sich der Beklagte das ihm vom Erblasser zugewandte Grundstück ... mit einem Betrag von 23.000 € auf seinen Erbteil anrechnen zu lassen hat" (Fall des § 2055 BGB).

Der **Teilungsplan ist nur zustimmungsfähig,**

(1) wenn er den gesetzlichen Bestimmungen entspricht.
(2) wenn von einer Begleichung der Nachlassverbindlichkeiten *vor* Teilung ausgegangen wird (vgl § 2046 BGB; S. 132).
(3) Die Gerichtspraxis (OLG Karlsruhe NJW 1974, 956) verlangt ferner, dass der Nachlass „teilungsreif" ist (dh dass feststeht, was alles zum Nachlass gehört; daran fehlt es, wenn zB noch

über den Umfang des Nachlasses gestritten wird, also was überhaupt dazu gehört; der Streit über den Wert dagegen spielt hier keine Rolle).

Notwendig sind daher Aufstellungen über sämtliche Nachlassgegenstände (welche davon sind in Natur teilbar, welche nicht) und sämtliche Schulden.

c) Beispiel eines Auseinandersetzungsplans

Plan

über die Auseinandersetzung des Nachlasses von N. N., verstorben am ....

Vorbemerkung: die Eigentumswohnung, die Wohnungseinrichtung und die Uhrensammlung sind bereits verkauft. Von den 1.002 BASF-Aktien wurden 2 verkauft, weil 1.002 nicht durch 4 teilbar ist. Sonstige unteilbare Gegenstände sind nicht mehr vorhanden.

Der zu verteilende Nachlass setzt sich nach dem Stand vom ... wie folgt zusammen:

A. Nachlass

Aktivnachlass:

1. Bargeld	1.000 €	
2. Guthaben Konto Nr. ... bei der X-Bank	29.000 €	
3. Wertpapiere, Depot Nr. ... bei der X-Bank, Kurswert	390.000 €	
Da sie real geteilt werden spielt die Kursentwicklung keine Rolle.		
Summe		420.000 €
Verbindlichkeiten:		
1. Beerdigungskosten	10.000 €	
2. Vermächtnis zugunsten der Pfarrei Adorf	12.000 €	
Summe..		22.000 €
Reinnachlass (derzeit)		398.000 €

Dazu kommen noch Zinsen bis zur Aufteilung; es gehen noch ab Bankgebühren bis zur Aufteilung.

B. Miterben sind laut Erbschein des Amtsgerichts Adorf vom ...

Frau W (Witwe) zu $^1/_2$

Frau T (Tochter) zu $^1/_4$

Herr S (Sohn) zu $^1/_4$.

C. Aufteilung:

Die Verbindlichkeiten werden noch erfüllt. Der Rest im Wert von 398.000 € wird wie folgt aufgeteilt:

Frau W erhält:	vom Guthaben $^{1}/_{2}$, also	4.000 €	
	Wertpapiere im Kurswert von	195.000 €	
	Summe		199.000 €
Frau T erhält:	vom Guthaben $^{1}/_{4}$, also	2.000 €	
	Wertpapiere im Kurswert von	97.500 €	
	Summe		99.500 €
Herr T erhält:	vom Guthaben $^{1}/_{4}$, also	2.000 €	
	Wertpapiere im Kurswert von	97.500 €	
	Summe		99.500 €
Summe...			398.000 €

Aufteilung der Wertpapiere (Bestand laut Depotauszug vom ...)

Nachlass-Bestand	an Frau W	an Frau T	an Herrn S
60.000 € Bundesschatzbriefe	50.000 €	25.000 €	25.000 €
40.000 € Pfandbriefe Hypo Essen	20.000 €	10.000 €	10.000 €
1.000 BASF-Aktien	500	250	250

usw

d) Laienhafte Vorstellungen über einen Teilungsplan

Einen (unteilbaren) Einzelgegenstand kann ein bestimmter Miterbe nur aus dem Nachlass erlangen, wenn der Erblasser eine entsprechende Teilungsanordnung im Testament getroffen hat; oder wenn ihm dieser Gegenstand als Vorausvermächtnis zugewiesen wurde; oder wenn er bei der Versteigerung des Nachlasses diesen Gegenstand als Höchstbietender kauft. Liegt keiner dieser Fälle vor, ist ein Teilungsplan „A erhält das Haus in München, B die Eigentumswohnung in Köln" nicht durch Prozess durchsetzbar, selbst wenn beide Grundstücke gleich viel wert sind (sind sich die Miterben alle einig ist das natürlich möglich).

e) Zahlungsklage statt Klage auf Zustimmung

Die unmittelbare Klage einer Miterbin auf Zahlung des auf sie entfallenden Anteils am Nachlass gegen nur einen von mehreren weiteren Miterben ist auch ohne Aufstellung eines zu Grunde liegenden Teilungsplans ausnahmsweise dann zulässig, wenn die verklagte Miterbin allein im Besitz des verbliebenen und teilungsreifen Nachlasses ist, und die übrigen nicht verklagten Miterben der begehrten Teilung zugestimmt haben (OLG Celle ZEV 2002, 363).

Beispiel: Drei Miterben (A, B, C zu je $1/3$) sind vorhanden. der Nachlass ist restlos in Geld umgesetzt und besteht aus 30.000 €. Schulden sind nicht vorhanden. B kann auf Grund einer noch nach dem Tod weitergeltenden Vollmacht des Erblassers über das Konto verfügen. A will die Teilung haben und verlangt 10.000 € von B. Wenn C damit einverstanden ist, kann A die B auf Zahlung verklagen (und muss nicht umständlich auf Zustimmung zu einem Teilungsplan klagen, wonach sie 10.000 € bekommt).

11. Die Teilauseinandersetzung

a) Auseinandersetzung mit nur einem Teil der Miterben

Besteht die Erbengemeinschaft zB aus fünf Miterben, kann ein einzelner Miterben nicht erzwingen, dass bezüglich *seines* Erbanteils eine Auseinandersetzung erfolgt und die Erbengemeinschaft im übrigen bestehen bleibt. Braucht er dringend Geld, kann er seinen Erbanteil verkaufen oder beleihen. Er kann auch die Auseinandersetzung der gesamten Erbengemeinschaft betreiben. Bei Einverständnis mit allen Miterben kann durch Vertrag ein Ausscheiden aus der Erbengemeinschaft (gegen Abfindungszahlung) vereinbart werden; sein Anteil wächst dann den in der Erbengemeinschaft verbleibenden Miterben im Verhältnis ihrer bisherigen Anteile an (BGH NJW 2005, 284).

b) Auseinandersetzung nur bezüglich einzelner Nachlassgegenstände

§ 2042 BGB geht davon aus, dass der *gesamte* Nachlass auseinandergesetzt wird. Ein Miterbe oder ein Teil der Miterben können deshalb grundsätzlich keine Teilauseinandersetzung fordern; wohl aber können alle Miterben eine Teilauseinandersetzung vereinbaren und vollziehen (in der Praxis ist dies der Regelfall, wenn keine nennenswerten Schulden vorhanden sind, der Nachlass umfangreich ist und die Versilberung sich hinzieht: ist wieder ein Grundstück verkauft, wird der Erlös geteilt); entweder bezogen auf Teile des Nachlasses oder auf einzelne Miterben. Selbst wenn ein einzelner Miterbe die Teilungsversteigerung eines Grundstücks mit Erfolg betreibt, fällt der Erlös an die Erbengemeinschaft und nur über eine Teilauseinandersetzung (oder Gesamtauseinandersetzung) könnte ein Bruchteil bar den einzelnen Miterben gelangen.

Ausnahmsweise kann ein Miterbe eine Teilauseinandersetzung gegen den Willen der anderen Miterben verlangen und gerichtlich durchsetzen, wenn besondere Gründe vorliegen und schutzwürdige Interessen anderen Miterben und Gläubiger nicht gefährdet werden (KG NJOZ 2003, 2609; MünchKomm-Heldrich § 2042 Rz 19).

Beispiel: der Verkauf des Nachlasses dauert wegen des Umfangs schon drei Jahre, es ist schon mehr Geld auf dem Nachlasskonto, als zur Gläubigerbefriedigung maximal erforderlich sein kann; die Erbschaftsteuer ist vollständig bezahlt. Hier braucht der einzelne Miterbe nicht noch weitere Jahre warten, bis er den ersten Euro erhält.

12. Teilung, wobei ein Miterbe übersehen wurde

Teilen Miterben im guten Glauben auf ihr Erbrecht den Nachlass unter sich auf bzw verkaufen sie den Nachlass und haben sie dabei einen Miterben übersehen, war ihr Verfügung unwirksam (§ 2040 BGB). Der neu aufgetauchte Miterbe kann von jedem bisherigen Miterben Auszahlung aus ungerechtfertigter Bereicherung fordern (OLG Dresden FamRZ 1999, 406; Vollkommer FamRZ 1999, 350), §§ 2018, 816 Abs. 1 S. 1 BGB.

Beispiel: Antiquitätenhändler E ist (ohne Testament) gestorben und hinterlässt zwei Söhne. Diese verkaufen den Nachlass und teilen den Erlös unter sich je zur Hälfte auf. Dann meldet sich die F und weist nach, dass sie eine nichteheliche Tochter des E ist. Sie war also von Anfang an (unerkannt) Miterbin des E zu $^1/_3$. Sie kann von jedem der beiden Söhne $^1/_6$ des Erlöses aus dem Nachlassverkauf verlangen.

XII. Steuern

1. Erbschaftsteuer

a) Allgemeines

Banken, Lebensversicherungen und sonstige Vermögensverwahrer haben beim Tod eines Kunden die Vermögenswerte dem Erbschaftsteuer-Finanzamt mitzuteilen (§ 33 ErbStG; die ErbSt ist auf bestimmte Finanzämter konzentriert); diese Pflicht entfällt nur, wenn der Wert 1.200 € nicht übersteigt (§ 1 Abs. 4 ErbStDV). Ein inländisches Bankkonto mit mehr als 1.200 € Guthaben kann also nicht verschwiegen werden. Durch **Kontrollmitteilungen** informieren sich die Finanzämter gegenseitig.

Das Erbschaftsteuer-Finanzamt schickt den Erben einen Vordruck für die Erbschaftsteuer-Erklärung nebst Ausfüllhinweisen und setzt eine Frist von einigen Wochen zum Ausfüllen. Miterben geben zweckmäßig getrennte Erbschaftsteuererklärungen ab. Die Steuererklärung geht vom Erblasser aus und fordert dann die Angabe der „Beteiligten". Diese sind in der „Anlage Erwerber" mit ihrer Erbquote anzugeben. Hierauf erlässt das Finanzamt den Erbschaftsteuerbescheid, der mit Einspruch angegriffen werden kann.

Die unterschiedlichen Bewertungsmaßstäbe Geldvermögen/Grundvermögen sind verfassungswidrig (BVerfG NJW 2007, 573), so dass demnächst eine **Neuregelung** kommen wird.

b) Steuerpflichtige Vorgänge

Der ErbSt-Pflicht unterliegt u.a. der Erwerb von Todes wegen und die Schenkung unter Lebenden (§ 1 ErbStG). Als Erwerb von Todes wegen gelten u.a. (§ 3 ErbStG):

- der Erwerb durch Erbanfall; durch Vermächtnis; geltend gemachten Pflichtteilsanspruch; Schenkung auf den Todesfall;
- Abfindung für Verzicht auf Pflichtteilsanspruch, für Ausschlagung, auf Grund Gesellschaftsvertrages usw;

- außerhalb des Nachlasses übergegangene Lebensversicherungen, Guthaben, Wertpapiere;
- der auf Gesellschaftsvertrag beruhende Übergang von Anteilen;
- Vorerbschaft (§ 6 Abs. 1 ErbStG); Nacherbschaft (§ 6 Abs. 1 ErbStG).

Der Steuerpflicht unterliegen Inländer, dh Personen, die im Inland Wohnsitz oder gewöhnlichen Aufenthalt haben (die Staatsangehörigkeit bleibt außer Betracht); ein Deutscher, der seinen Wohnsitz ins Ausland verlegt hat, bleibt noch fünf Jahre lang ErbStpflichtig (§ 2 Abs. 1 Nr. 1b ErbStG). Ist weder der Erblasser noch der Erbe Inländer, unterliegt gleichwohl das Inlandsvermögen (§ 121 BewG) der Erbschaftsteuer. Hatte der Verstorbene seinen Wohnsitz in eine sog Steueroase (niedrigbesteuerndes Gebiet) verlegt, besteht über diese fünf Jahre hinaus für weitere fünf Jahre (also insgesamt für zehn Jahre) eine erweiterte ErbSt-Pflicht (§§ 4, 2 Abs. 1 des Außensteuergesetzes).

Die Erbschaftsteuer kann nicht dadurch umgangen werden, dass der Erblasser kurz vor seinem Tod sein Vermögen an die künftigen Erben verschenkt; denn die Schenkung unter Lebenden unterliegt derselben Steuer wie der Vermögensübergang durch einen Erbfall (§ 1 Abs. 1 Nr. 2 ErbStG).

c) Der Erbschaftsteuer unterliegendes Vermögen

Als steuerpflichtiger Erwerb gilt die Bereicherung des jeweiligen Erben (§ 10 ErbStG); zu versteuern ist inländisches und ausländisches Vermögen. Bewertungsstichtag ist grundsätzlich der Tag des Todes. Das deutsche Erbschaftsteuerecht stellt auf die Bereicherung des jeweiligen Erben ab (Erbanfallsteuer), nicht auf die Höhe des Nachlasses (das wäre eine Nachlasssteuer, wie sie von einigen Politikern gefordert wird, um das Steueraufkommen zu erhöhen).

aa) Aktivnachlass

(1) Land- und forstwirtschaftliche Betriebe. Inländische Betriebe sind mit dem sog Grundbesitzwert anzusetzen; er wird gegebenenfalls vom Finanzamt gesondert ermittelt und durch Bescheid festgesetzt; erscheint der Wert dem Steuerpflichtigen unrichtig, muss er bereits gegen diesen Festsetzungsbescheid innerhalb der Frist (1 Monat) Einspruch einlegen; es genügt nicht, erst und nur den Erbschaftsteuerbescheid anzugreifen. Doch ist es auch zulässig, dass das Finanzamt den Grundbesitzwert schätzt und sogleich den Erbschaftsteuerbescheid erlässt. Der Grundbesitzwert knüpft im Wesentlichen an den Ertragswert an (§ 142 BewG). Mit einer **Reform** ist Ende 2008 zu rechnen.

Privilegien:

- Land- und forstwirtschaftliches Vermögen bleibt bis zu 225.000 € Wert außer Ansatz (§ 13a Abs. 1 ErbStG; Freibetrag);
- der verbleibende Wert ist nur mit 65% anzusetzen (§ 13a Abs. 2 ErbStG; verminderter Wertansatz). Freibetrag und verminderter Wertansatz können wegfallen, wenn der Erbe das begünstigte Vermögen innerhalb von 5 Jahren veräußert (§ 13a Abs. 5 ErbStG).
- in einigen Fällen ist ferner von der Erbschaftsteuer ein sog Entlastungsbetrag abzuziehen (§ 19a ErbStG).

Ausländische Betriebe werden mit dem Verkehrswert angesetzt.

(2) Unbebaute Grundstücke. Für inländische Grundstücke (zB ein Bauplatz; eine privat genutzte Wiese) sind in Erbfällen ab dem 1. 1. 1996 vom Finanzamt sog Grundbesitzwerte zu ermitteln und gegebenenfalls gesondert festzusetzen. Angesetzt werden 80% des (gegebenenfalls wertkorrigierten) Bodenrichtwertes (§ 145 Abs. 3 BewG). Diese Bodenrichtwerte werden von Gutachterausschüssen der Gemeinden bzw Kreise ermittelt (anhand der Verkaufspreise ähnlicher Grundstücke in der letzten Zeit) und dem Finanzamt mitgeteilt. Jeder Interessent kann bei der Gemeinde gebührenpflichtig Auskunft über diese Bodenrichtwerte verlangen (§ 196 Abs. 2 BauGB). **Ausländische** Grundstücke werden mit dem Verkehrswert angesetzt.

Beispiel: A und B haben einen Bauplatz mit 750 m^2 in B-Stadt geerbt. Der Bodenrichtwert beträgt (unterstellt) 100 € je qm. Erbschaftsteuerlicher Wert somit: 750 × 100 € × 0,80 = 60.000 €, falls der Bodenrichtwert nicht zu korrigieren ist, zB durch ein von den Miterben vorgelegtes Gutachten.

(3) Bebaute Grundstücke. Darunter fallen zB Mietshäuser (gleichgültig, ob sie mit Wohnungen, gewerblich mit Läden oder freiberuflich zB mit Büros genutzt werden), Eigentumswohnung; Betriebsgrundstücke und landwirtschaftlich bebaute Betriebsgrundstücke gehören nicht hierher, sondern zum Gewerbebetrieb bzw zur Landwirtschaft. Ausländische bebaute Grundstücke werden mit dem tatsächlichen Verkehrswert angesetzt. Inländische bebaute Grundstücke werden mit einem fiktiven Ertragswert angesetzt (§ 146 BewG). Er errechnet sich nach der derzeitigen gesetzlichen Regelung wie folgt:

Jahresnettokaltmiete, errechnet aus der „vereinbarten" Jahresmiete. Die umlagefähigen Betriebskosten (Grundsteuer usw) sind abzuziehen (§ 146 Abs. 2 S. 3 BewG), weil die Nettomiete wesentlich ist. Abschreibungen, Instandhaltungskosten und Verwaltungskosten dürfen dagegen nicht abgezogen werden. Wenn der Erblasser eine Wohnung im Haus teilweise selbst nutzte oder an Angehörige kostenlos überließ, kommt es auf die übliche erzielbare Miete an (§ 146 Abs. 3 BewG). Besonderheiten gelten bei nicht vermieteten Grundstücken und sonstigen Sonderfällen (§ 147 BewG). **Multiplikation:** Jahresnettokaltmiete mal 12,5 ergibt den Ausgangswert (§ 146 Abs. 2 BewG). **Abzüglich Alterswertminderung:** Die Wertminderung wegen Alters des Gebäudes beträgt für jedes Jahr, das seit Bezugsfertigkeit des Gebäudes verstrichen ist, 0,5%, höchstens insgesamt 25% (§ 146 Abs. 4 BewG).

Beispiel: A und B erben im Jahre 2007 ein 12-Familienmietshaus, welches im Dezember 1987 bezugsfertig wurde. Jährliche Bruttowarmmiete 100.000 €. Die Nettokaltmiete beträgt 70.000 €. Dieser Wert mal 12,5 ergibt den Ausgangswert von 875.000 €. Alter 21 Jahre (1987 zählt voll), ergibt 21 × 0,5, also 10,5% Alterswertminderung. Der erbschaftsteuerliche Wert beträgt also 783.125 € (875.000 € abzüglich 10,5%). Anders bei einem großen Grundstück, vgl unten.

Wertkorrektur bei Ein- und Zweifamilienhäusern. Enthält ein bebautes Grundstück, das ausschließlich Wohnzwecken dient, nicht mehr als zwei Wohnungen, ist der ermittelte Wert um 20% zu erhöhen (§ 146 Abs. 5 BewG). Bei Eigentumswohnungen erfolgt der Zuschlag nur, wenn die Wohnung baulich wie ein Einfamilienhaus gestaltet ist (zB Reihenhaus mit zwei Wohnungen) oder in einer Wohnanlage gelegen ist, die nur aus zwei Eigentumswohnungen besteht (Nr. 175 ErbStR). Kein Zuschlag erfolgt ferner, wenn im Gebäude auch gewerblich oder freiberuflich benutzte Räume sind (zB Einfamilienhaus mit Arztpraxis; Wohnung mit Gewerberaum).

Beispiel: E hat im Jahre 2007 ein Einfamilienhaus (Baujahr 1987) geerbt, in welchem seine Großmutter wohnte. Übliche Miete, also Vergleichsmiete (Jahresnettokaltmiete) sei 9.000 €. Das ergibt einen erbschaftsteuerlichen Wert von 120.825 € (9000 × 12,5; davon 89,5% wegen des Altersabschlags für 21 Jahre; hierzu 20% Einfamilienhauszuschlag). Anders, wenn das Grundstück groß ist.

Wertkorrektur bei wertvollen Flächen oder Großflächen. Der sich ergebende Wert darf nicht geringer sein als der Wert, den das Grundstück (wäre es unbebaut) hätte; § 146 Abs. 6 BewG.

Beispiel: A und B haben ein Grundstück mit 3.000 m² am Wannsee geerbt, bebaut mit einem alten Dreifamilienhaus, das nur 15.000 € Jahresnettokaltmiete abwirft. Der erbschaftsteuerliche Wert würde 15.000 € × 12,5 € × 0,75 = 140.625 € betragen. Da aber der Grund je m² 1.000 € wert ist, ist von 3.000 × 1.000 € = 3 Mio € auszugehen (§§ 146 Abs. 6, 145 Abs. 3 BewG), gemindert um 20% (vgl oben), also sind 2,4 Mio € als Erbschaft zu versteuern.

Wertkorrektur durch Gegenbeweis. Der Steuerpflichtige kann nachweisen, dass der Verkehrswert niedriger ist also die nach den obigen Formeln errechneten Werte (sog. Öffnungsklausel); dann gilt dieser niedrigere Wert (§ 146 Abs. 7 BewG). Zum Beweis ist das Gutachten eines Sachverständigen erforderlich oder dass der Erbe das Anwesen binnen einem Jahr nach dem Erbfall im gewöhnlichen Geschäftsverkehr verkauft (Nr. 177 ErbStR).

(4) Betriebsvermögen (einschließlich dazu gehöriger Grundstücke). Ausländisches Betriebsvermögen wird mit dem Verkehrswert angesetzt (§ 12 Abs. 6 ErbStG). Inländisches Betriebsvermögen wird grundsätzlich mit den Steuerbilanzwerten bzw ertragsteuerlichen Werten angesetzt (§ 12 Abs. 5 ErbStG). Die Einzelheiten sind kompliziert. Vgl §§ 95 ff BewG; Nr. 114 ff ErbStR.

Privilegien bei inländischem Betriebsvermögen:

- Betriebsvermögen bleibt bis zu 225.000 € Wert außer Ansatz (§ 13 a Abs. 1 ErbStG; Freibetrag);

- der verbleibende Wert ist nur mit 65% anzusetzen (§ 13a Abs. 2 ErbStG; verminderter Wertsatz).
- In einigen Fällen ist ferner von der Erbschaftsteuer ein sog. Entlastungsbetrag abzuziehen (§ 19a ErbStG).

Beispiel: Der vererbte Betrieb hat einen Verkehrswert von 1 Mio €. Davon gehen 225.000 € ab, vom Rest von 775.000 € weitere 35%, so dass nur 503.750 € als Erbschaft anzusetzen sind. Freibetrag und verminderter Wertansatz können wegfallen, wenn der Erbe das begünstigte Vermögen innerhalb von 5 Jahren veräußert (§ 13a Abs. 5 ErbStG). Eine Reform steht bevor.

(5) Übriges Vermögen. Sachen wie zB Autos, Motorboote, Rechte werden mit dem Verkehrswert bewertet. Ansprüche auf Hinterbliebenenrente oder Beamtenwitwenpension unterliegen nicht der ErbSt. **Kapitalvermögen:** Aktien, Anleihen werden mit dem Kurswert angesetzt; Investmentanteile mit dem Rücknahmewert; Genossenschaftsanteile mit dem Nominalwert. Ebenso Kapitalforderungen, zB Guthaben bei Banken und Sparkassen, gegebene Darlehen. Bei Gemeinschaftskonten (Konto lautet auf Eheleute A und B, B stirbt) ist in der Regel die Hälfte zuzurechnen. **Versicherungssummen:** Ausbezahlte Lebensversicherungen, Sterbegelder. Noch nicht fällige Lebensversicherungen werden mit dem Rückkaufwert bzw $^2/_3$-Wert der einbezahlten Prämien bewertet (vgl § 12 Abs. 4 BewG). **Hausrat** ist beim Erwerb durch Personen der Steuerklasse 1 (zB Ehegatten, Kinder) bis 41.000 € steuerfrei (§ 13 Abs. 1 Nr. 1a ErbStG), beim Erwerb durch Personen der Steuerklassen II, III bis 10.300 € (§ 13 Abs. 1 Nr. 1c ErbStG). Zahlreiche weitere Steuerbefreiungen enthält § 13 ErbStG. **Andere bewegliche körperliche Gegenstände** (wie Musikinstrumente, Kunstgegenstände, Sammlungen, Autos) sind beim Erwerb durch Personen der Steuerklasse 1 (zB Ehegatten, Kinder) bis 10.300 € steuerfrei (§ 3 Abs. 1 Nr. 1b ErbStG). Für Bargeld, Gold und Silber gilt diese Befreiung nicht.

bb) Nachlassverbindlichkeiten

Es sind abzugsfähig:

- alle Schulden des Erblassers (auch Steuerschulden);

- die durch den Erbfall entstandenen Kosten (wie Grabdenkmal, sonstige Bestattungskosten);
- Kosten der üblichen Grabpflege (9,3-facher Jahreswert abzugsfähig, §§ 10 Abs. 5 Nr. 3 ErbStG, 13 Abs. 2 BewG).
- Nachlassregelungskosten (Erbscheinsgebühren, Kosten der Anfertigung der Erbschaftsteuererklärung (Steuerberater), eventuell Kosten der Nachlasspflegschaft, Honorar des Testamentsvollstreckers); nicht dazu gehören die Kosten der Nachlassverwaltung und die Erbschaftsteuer.

Für die drei letzten Positionen können pauschal 10.300 Euro angesetzt werden; wird mehr behauptet, sind Belege vorzulegen.

cc) Freibeträge

(1) Ehegatten. Ehegatten haben einen allgemeinen Freibetrag von 307.000 € (eine Änderung ist geplant: 500.000 €). Zusätzlich wird ein Versorgungsfreibetrag von weiteren 256.000 € gewährt; er wird bei Ehegatten, denen aus Anlass des Todes des Erblassers nicht der ErbSt unterliegende Versorgungsbezüge (zB Hinterbliebenenrente aus der Sozialversicherung, Beamtenpension, berufsständische Pflichtversicherung) zustehen, um den Kapitalwert dieser Bezüge gekürzt (§ 17 Abs. 1 ErbStG). Die Bewertung richtet sich nach dem Alter (§ 14 Abs. 2 BewG).

Beispiel: erhält eine 49-jährige Witwe monatlich 1.000 € Rente, beträgt der Kapitalwert 1.000 € × 12 × 14,503 = 174.036 €, der verbleibende Versorgungsfreibetrag beläuft sich auf nur noch 81.964 €.

(2) Zugewinngemeinschaft. Lebten die Ehegatten in Zugewinngemeinschaft, gilt *der* Betrag nicht als „geerbt" (und ist also ErbSt-frei), den der Überlebende als Zugewinnausgleich verlangen könnte (§ 5 ErbStG).

Beispiel: Eheleute mit zwei Kindern; Zugewinngemeinschaft. Der Zugewinn des Mannes betrug 2 Mio €, der Zugewinn der Frau 500.000 €, der Zugewinnausgleichsanspruch der Frau hätte bei Scheidung 750.000 € betragen (2 Mio minus 0,5 = 1,5; geteilt durch 2). Der Ehemann stirbt, gesetzliche Erbfolge tritt ein. Die Frau erbt also 1/2, die beiden Kinder je 1/4 Die Frau bekommt somit aus der Erbschaft 1 Mio € (1/2 des Nachlasses von 2 Mio €). In diesem Betrag steckt ein Zugewinnausgleichsanspruch in Höhe von 750.000 €, so dass sie steuerlich gesehen nur 250.000 € „geerbt“ hat. Die Frau muss also 250.000 € abzüglich Ehegattenfreibetrag (307.000 €) nach dem ErbStG versteuern, das ergibt Steuerfreiheit.

(3) Kinder. Kinder haben einen allgemeinen Freibetrag von je 205.000 € (eine Änderung ist geplant: 400.000 €). Zusätzlich wird ein **Versorgungsfreibetrag** nach § 17 Abs. 2 ErbStG gewährt:
bei einem Alter bis 5 Jahre: 52.000 €;
bei mehr als 5 bis 10 Jahren: 41.000 €;
bei mehr als 10 bis 15 Jahren: 30.700 €;
bei mehr als 15 bis 20 Jahren: 20.500 €;
bei mehr als 20 bis 27 Jahren: 10.300 €.
Stehen dem Kind ErbSt-freie Versorgungsbezüge (zB Waisenrente) zu, wird der Freibetrag um deren Kapitalwert gekürzt.

d) Befreiungen, Vergünstigungen

(1) Geht Vermögen innerhalb von 10 Jahren durch Erbschaft von einer Person der Steuerklasse I erneut auf eine Person dieser Steuerklasse über, ermäßigt sich die ErbSt für den weiteren Übergang je nach Zeitablauf bis um 50% (§ 27 ErbStG).

(2) Inländisches Betriebsvermögen, das den Freibetrag von 225.000 € übersteigt, ist nur mit 65% anzusetzen (§ 13a Abs. 2 S. 2 ErbStG). Die Begünstigung für Betriebsvermögen (Freibetrag und Bewertungsabschlag) gilt auch für Anteile an Kapitalgesellschaften. Tarifbegrenzung nach § 19a ErbStG.

(3) Wer den Erblasser gegen unzureichendes Entgelt gepflegt hat, kann bis zu 5.200 Euro vom Erbe abziehen (nicht aber Ehegatten), § 13 Abs. 1 Nr. 9 ErbStG;

(4) Bei Betriebs-, land- und forstwirtschaftlichem Vermögen kann u.U. die darauf entfallende ErbSt bis zu 10 Jahren gestundet werden (§ 28 ErbStG).

(5) Auslandsvermögen eines Inländers unterliegt uU ausländischer und inländischer ErbSt. Die ausländische ErbSt kann uU angerechnet werden (§ 21 ErbStG). Hier spielen ferner die Doppelbesteuerungsabkommen eine Rolle.

(6) Zahlreiche weitere Fälle regelt § 13 ErbStG.

e) Zehnjahresgrenze

Erwerbe innerhalb der letzten 10 Jahre vor dem Todestag werden mit der Erbschaft zusammengezählt. Hat zB V im Jahre 2002 seinem Sohn 150.000 € geschenkt, war dies damals steuerfrei, da der Freibetrag (205.000 €) nicht überschritten wurde. Vererbt V im Jahre 2007 seinem Sohn dann 100.000 €, werden nun 45.000 € als steuerpflichtiger Erwerb behandelt (§ 14 ErbStG).

f) Steuerklassen (§ 15 ErbStG)

Steuerklasse I:
- Ehegatte,
- Kinder und Stiefkinder,
- Abkömmlinge der in Nummer 2 genannten Kinder und Stiefkinder,
- Eltern und Voreltern bei Erwerben von Todes wegen;

Steuerklasse II:
- Eltern und Voreltern, soweit sie nicht zur Steuerklasse 1 gehören,
- Geschwister,
- Abkömmlinge ersten Grades von Geschwistern,
- Stiefeltern,
- Schwiegerkinder,
- Schwiegereltern,
- geschiedener Ehegatte;

Steuerklasse III:
alle übrigen Erwerber und die Zweckzuwendungen.

g) Freibeträge (§ 16 ErbStG)

Steuerfrei bleibt der Erwerb (Änderungen sind geplant)
1. des Ehegatten in Höhe von 307.000 €;
2. der Kinder im Sinne der Steuerklasse I Nr. 2 und der Kinder verstorbener Kinder im Sinne der Steuerklasse I Nr. 2 in Höhe von 205.000 €);
3. der übrigen Personen der Steuerklasse I in Höhe von 51.200 €;

4. der Personen der Steuerklasse II in Höhe von 10.300 €;
5. der Personen der Steuerklasse III in Höhe von 5.200 €.

h) Steuertarif (§ 19 ErbStG)

Die Erbschaftsteuer wird derzeit nach folgenden Prozentsätzen erhoben (umfangreiche Änderungen sind geplant):

Wert des steuerpflichtigen Erwerbs bis … einschließlich	Steuerklasse I	Steuerklasse II	Steuerklasse III
52.000 €	7%	12%	17%
256.000 €	11%	17%	23%
512.000 €	15%	22%	29%
5.113.000 €	19%	27%	35%
12.783.000 €	23%	32%	41%
25.565.000 €	27%	37%	47%
Über 25.565.000 €	30%	40%	50%

Beispiel: M hinterlässt vier Erben: die Witwe und drei Kinder (alle Steuerklasse I); es tritt gesetzliche Erbfolge ein. Die Witwe erbt (bei Zugewinngemeinschaft) $^1/_2$, die drei Kinder je $^1/_6$. (1) Nachlass netto 600.000 €. Vermögensanfall bei der Witwe 300.000 €; steuerfrei, weil der Freibetrag 307.000 € beträgt. Vermögensanfall bei den drei Kindern je 150.000 €; steuerfrei, weil jedes Kind 205.000 € Freibetrag hat. (2) Unterstellt, der Nachlass beträgt netto 3 Mio €. Die Witwe hat $^1/_2$ geerbt, also 1,5 Mio €. Davon sind 307.000 € steuerfrei; da aber weder bekannt ist, wie hoch der fiktive Zugewinn ist, noch wie viel der Witwe vom Versorgungsfreibetrag von 256.000 € wegen ihrer Witwenrente verbleiben, kann die Höhe der Erbschaftsteuer nicht errechnet werden. Im ungünstigsten Falle sind 19% aus ca 1,1 Mio € zu zahlen. Die drei Kinder haben je $^1/_6$ von 3 Mio € geerbt, also je 500.000 €. Davon sind je 205.000 € steuerfrei, so dass nur noch je 295.000 € mit 15% zu versteuern sind. Wenn die Kinder unter 27 Jahren alt sind, ist ihnen evtl. ein Versorgungsfreibetrag zu gewähren, was die Steuer verringern würde.

2. Restliche Einkommensteuer auf Einkünfte des Erblassers

Die Einkommensteuerpflicht endet mit dem Tod. Ist der Erblasser am 9. 4. gestorben, haben deshalb die Erben gegebenenfalls noch eine Einkommensteuererklärung für die Einkünfte des Erblassers für die Zeit vom 1. 1. bis 9. 4. abzugeben. Die entsprechende Steuerschuld ist eine Nachlassverbindlichkeit und aus dem Nachlass nach dem Verhältnis der Erbquoten zu zahlen.

Ist gegen den Erblasser kein Steuerbescheid mehr ergangen, ist der Steuerbescheid an die Erben als Zahlungspflichtige zu richten und ihnen bekannt zu geben.

3. Einkommensteuer auf Einkünfte der Erbengemeinschaft

Eine Erbengemeinschaft kann zeitlich unbegrenzt bestehen bleiben. Jeder Miterbe kann zwar die Auseinandersetzung verlangen, er muss aber nicht. Vom Todesfall bis zur vollständigen Auseinandersetzung können Einkünfte aus dem Nachlass anfallen, etwa Zinsen aus Guthaben, Dividenden aus Aktien, Ausschüttungen aus Investmentanteilen, Mieteinnahmen, Gewinne aus geschäftlichen Beteiligungen.

In einem solchen Fall (also nur wenn Einkünfte anfallen) wird der Erbengemeinschaft vom Finanzamt eine eigene Steuernummer zugeteilt, obwohl sie keine eigenständige juristische Person ist. Steuerlich wird die Erbengemeinschaft bei den Überschusseinkünften (zB Mieteinnahmen) wie eine **Bruchteilsgemeinschaft** behandelt (§ 39 Abs. 2 Nr. 2 AO) und bei den Gewinneinkünften als **Mitunternehmerschaft** behandelt. Sämtliche Miterben werden idR Regel Mitunternehmer im Sinne von § 15 Abs. 1 S. 1 Nr. 2 EStG, wenn zum Nachlass ein gewerbliches, freiberufliches oder land- und forstwirtschaftliches Unternehmen gehört. Die laufenden Einkünfte werden den Miterben grundsätzlich nach ihren Erbquoten (wie sie sich aus dem Erbschein ergeben) zugerechnet.

Eine rückwirkende andere (als laut Erbquote) Zurechnung laufender Einkünfte für sechs Monate (beginnend mit dem Erbfall; im Einzelfall auch für eine längere Zeitspanne) wird von der Finanzverwaltung anerkannt, wenn bei der Teilung die „Einkunftsquelle" einem bestimmten Miterben zugeteilt wird (was gegebenenfalls durch eine schriftliche Vereinbarung nachzuweisen ist).

Beispiel: Miterben sind A und B zu je 1/2. Miterbe A erhält bei der Teilung die zinsbringenden Wertpapiere, Miterbe B die Briefmarkensammlung (die ohne Einkünfte ist). Die Zinseinkünfte können auf Verlangen rückwirkend voll (und nicht nur zu 1/2) dem A zugerechnet werden. Es wird also so getan, wie wenn die Miterben schon am Todestag geteilt hätten und nicht erst einige Monate später.

Gehören zum Nachlass (Privatvermögen) Wertpapiere, Guthaben und ein Mietshaus sind von den Miterben gegebenenfalls Steuererklärungen zB auf folgenden **Formularen** abzugeben:

(1) Erklärung zur gesonderten – und einheitlichen – Feststellung von Grundlagen für die Einkommensbesteuerung (Formular ESt 1 B) mit Steuernummer der Erbengemeinschaft;
(2) Angaben über die Feststellungsbeteiligten (FB); das sind die Miterben. Hier werden die Miterben aufgeführt, mit ihrer Erbquote und ihrer privaten Steuernummer;
(3) Anlage KAP, welche die Einkünfte aus Kapitalvermögen aufführt, nebst anzurechnender Kapitalertragsteuer bzw Zinsabschlagsteuer, Solidaritätszuschlag;
(4) Anlage FE-KAP: Hier werden die Kapitaleinkünfte und die Steuern auf die Miterben aufgeteilt.

Beispiel: Es sind zwei Miterben zu je 1/2 vorhanden. Die Zinseinkünfte betragen brutto 494,80 € (Zeile 3 des Formulars), die Zinsabschlagsteuer 148,44 € (Zeile 26 des Formulars), der Solidaritätszuschlag 8,16 € (Zeile 27). Diese drei Zahlen werden dann nach Erbquoten auf die zwei Miterben aufgeteilt, nämlich Zinseinkünfte von 247,40 € (Zeile 3) und Zinsabschlag von 74,22 € (Zeile 26) sowie Solidaritätszuschlag von 4,08 € (Zeile 27) auf den ersten Miterben („Beteiligter zu 1") und genauso viel auf den 2. Miterben („Beteiligter zu 2").

(5) Anlage V (Einkünfte aus Vermietung und Verpachtung); hier werden die Mieteinnahmen und die verschiedenen Ausgaben

(Werbungskosten) eingetragen; es ergibt sich ein Überschuss oder ein Verlust (Zeile 14 der Anlage V).

(6) Anlage FE: Aufteilung der Besteuerungsgrundlagen betreffend Vermietung und Verpachtung. Hier werden die Mieteinkünfte (oder Verluste; Zeile 14 der Anlage V) auf die Miterben nach Erbquoten aufgeteilt.

Beispiel: Es sind zwei Miterben zu je $1/2$ vorhanden. Die Mieteinkünfte (Überschuss) betragen 10.000 € (aus Zeile 14 Anlage V in Zeile 3 des Formulars FE zu übertragen), wovon $1/2$ (also 5.000 €) auf den einen Miterben (Beteiligten zu 1) und die anderen 5.000 € auf den anderen Miterben (Beteiligten zu 2) entfallen.

Das Finanzamt erlässt dann einen „Bescheid über die gesonderte und einheitliche Feststellung der Besteuerungsgrundlagen". Dort werden die Einkünfte aus Vermietung, Kapitalvermögen usw festgestellt und die jeweiligen Beträge auf die Miterben zahlenmäßig aufgeteilt.

Diese Zahlen aus dem **Feststellungsbescheid** müssen dann die Miterben in ihre privaten Steuererklärungen aufnehmen. Im obigen Beispiel gibt also der Mieterbe A in der Anlage KAP seiner eigenen Einkommensteuerklärung in der Zeile 41 die Erbengemeinschaft als „Beteiligung" an und schreibt dort 247 € Zinseinkünfte ein, in Zeile 49 die ihm zuzurechnende Zinsabschlagsteuer von 74,22 € und in Zeile 52 den auf ihn entfallenden Solidaritätszuschlag von 4,08 €. Ebenso verfährt Miterbe B mit seiner privaten Steuererklärung.

4. Einkommensteuer bei Nachlassteilung und Nachlassverkauf

Die Erbauseinandersetzung wird vom Bundesfinanzhof (BStBl II 1990, 837) als selbständiger Rechtsvorgang angesehen; sie stellt bei dem einem Miterben einen Veräußerungsvorgang dar, der steuerpflichtig sein kann, bei den anderen Miterben kann sie zu Anschaffungskosten führen (was zu einer Erhöhung der Abschreibung führen kann). Das Bundesfinanzministerium (BMF) hat mit Erlass vom 14. 3. 2006 (BStBl I 2006, 253) die „Ertragsteuerliche

Behandlung der Erbengemeinschaft und ihrer Auseinandersetzung" in 83 Randziffern dargestellt, wovon hier nur die wichtigsten Fälle dargestellt werden (im Einzelfall ist die Beratung durch einen Steuerberater ratsam).

a) Realteilung von Privatvermögen ohne Abfindungszahlungen

(1) Bei **Privatvermögen** führt eine Realteilung nicht zur Entstehung von Anschaffungskosten oder Veräußerungserlösen, wenn keine Abfindungszahlungen erfolgen.

Beispiel: E hinterlässt zwei Erben zu je ½ (A, B). Der Nachlass besteht aus zwei Eigentumswohnungen, die je 200.000 € wert sind. A und B einigen sich dahin, dass A die eine Wohnung erhält, B die andere. Es fällt keine Einkommensteuer an. Die Erben führen die Abschreibungen des Erblassers fort, § 6 Abs. 3 EStG und § 11 d Abs. 1 EStDV (s. unten). Sind die Wohnungen also altersbedingt schon voll abgeschrieben, entsteht durch den Erbfall keine neue Abschreibung, weil ein unentgeltlicher Erwerb vorliegt.

(2) **Unentgeltlichkeit** nimmt der BFH (BStBl II 1992, 392) auch an, wenn der Erblasser den Erben Vermächtnisse auferlegt hat; ebenso ist es, wenn die Erben an Pflichtteilsberechtigte Zahlungen leisten müssen.

Beispiele: (1) Miterben sind A und B; sie erben zwei Eigentumswohnungen, müssen aber an C 100.000 € als Vermächtnis zahlen. Das führt nicht zu Anschaffungskosten, also auch nicht zu einer höheren Gebäudeabschreibung (die Steuervorteile hätte). Allerdings vermindert sich die Erbschaftsteuer, die A und B ggf zahlen müssen. (2) Miterben eines Betriebsvermögens sind A und B; sie müssen eine Fabrikhalle an C als Vermächtnis herausgeben. Es liegt eine Entnahme der Halle aus dem geerbten Betriebsvermögen vor, der Entnahmegewinn (Teilwert der Halle minus Buchwert) ist allen Miterben zuzurechnen (BMF-Erlass Rz 60), so dass sie mit einer erheblichen Einkommensteuer zu rechnen haben.

(3) Ein unentgeltlicher Vorgang liegt auch dann vor, wenn bei Teilung von Privatvermögen einem Miterben ein Nutzungsrecht an einem Objekt eingeräumt wird, das einem anderen Miter-

ben zugeteilt wird. Erst wenn der belastete Miterbe das Nutzungsrecht später ablöst, entstehen bei ihm nachträgliche Anschaffungskosten (BMF-Erlass Rz 22).

Beispiel: E hinterlässt ein Haus und zwei Erben (A, B) zu je $^1/_2$. Sie einigen sich dahin, dass A Alleineigentümer des Hauses wird und B ein lebenslanges Wohnrecht an der Wohnung im Obergeschoss erhält.

(4) Behandlung von **Nachlassverbindlichkeiten:**

Beispiele: E hinterlässt zwei Erben zu je $^1/_2$ (A, B). (1) Der Nachlass besteht aus einer Eigentumswohnung, die 280.000 € wert ist, belastet mit 80.000 €, sowie einem Wertpapierdepot von 200.000 €. A und B einigen sich dahin, dass A die Wohnung nebst den darauf lastenden Schulden übernimmt, B die Wertpapiere. Es fällt ebenfalls keine Einkommensteuer an, da die Übernahme von Verbindlichkeiten keine Abfindungszahlung darstellt. Der Nettonachlass beträgt 400.000 € und davon hat jeder Miterbe wirtschaftlich 200.000 € erhalten, also soviel wie seiner Erbquote entspricht. (2) Zum Nachlass gehören zwei Grundstücke im Wert von je 1 Million €, die mit voll valutierten Hypotheken zu je 500.000 € belastet sind. Teilung: A erhält Grundstück 1 und übernimmt auch die auf dem Grundstück 2 lastende Schuld. B erhält das Grundstück 2 und zahlt an A 500.000 €. – Es liegt eine Teilung ohne Abfindungszahlung vor (BMF-Erlass Rz 24) denn B hat mit der Zahlung an A die Freistellung der auf dem Grundstück 2 lastenden Schuld intern beglichen.

b) Realteilung von Privatvermögen mit Abfindungszahlungen

aa) Grundfall

Wird im Rahmen einer Erbauseinandersetzung ein Nachlass real geteilt und erhält ein Miterbe dabei wertmäßig mehr, als ihm nach seiner Erbquote zusteht, und zahlt er für dieses „Mehr" an seine Miterben eine Abfindung, liegt insoweit ein Anschaffungs- und Veräußerungsvorgang vor. In Höhe der Abfindungszahlung entstehen Anschaffungskosten (BMF-Erlass Rz 26).

Beispiel: E hinterlässt zwei Erben zu je $^1/_2$ (A, B). Der Nachlass besteht aus einer Eigentumswohnung im Wert von 200.000 € und 100.000 €

Bankguthaben. A und B einigen sich dahin, dass A die Wohnung erhält und B das Guthaben sowie von A eine Abfindung von 50.000 €. Im Ergebnis hat also vom Nachlass im Wert von 300.000 € jeder gleichviel erhalten, nämlich 150.000 €.

Bei der Abrechnung kommt es auf die Verkehrswerte (zB der Eigentumswohnung) an; grundsätzlich kann davon ausgegangen werden, dass der tatsächliche Verkehrswert dem Wert entspricht, den die Miterben der Auseinandersetzung zugrunde legen. Nach seiner Erbquote (1/2 von 300.000 € = 150.000 €) hätten dem A nur 3/4 des Gebäudes (das 200.000 € wert ist) zugestanden, er kauft also faktisch das restliche 1/4. Somit hat A 1/4 des Gebäudes für 50.000 € entgeltlich und 3/4 des Gebäudes (150.000 €) unentgeltlich erworben. Steuerlich hat A also Anschaffungskosten in Höhe von 50.000 €. Das hat zwei Konsequenzen:

Bei A erhöht sich die Abschreibung auf das Gebäude. Bezüglich 3/4 führt er die Abschreibung des Erblassers fort, bezüglich 1/4 errechnet sie sich neu aus dem Anschaffungspreis von 50.000 €.

Bei B sind 50.000 € eingegangen. Dieser Betrag unterlegt bei B nur ausnahmsweise der Einkommensteuer, nämlich wenn bei B die Voraussetzungen des § 23 EStG (bestimmte private Veräußerungsgeschäfte innerhalb der Frist, Spekulationsgeschäfte; vgl S. 169/170) oder des § 17 EStG (Veräußerung von wesentlichen Anteilen an Kapitalgesellschaften), oder des § 21 UmwandlungsStG vorliegen.

bb) Behandlung liquider Mittel des Nachlasses

Soweit eine Abfindungszahlung dem Wert übernommener liquider Mittel des Nachlasses (zB Bankguthaben, Bargeld) entspricht, liegen keine Anschaffungskosten vor, weil es sich wirtschaftlich um einen Leistungsaustausch „Geld gegen Geld" handelt, der einer Rückzahlung der Abfindungszahlung gleichsteht (BMF-Erlass Rz 30).

Beispiel: Der Nachlass besteht aus einem Grundstück (Wert 2 Mio €) und einem Bankguthaben (Wert 2 Mio €). Miterben sind A und B zu 1/2. A erhält das Grundstück und das Guthaben und zahlt dem B eine Abfindung von 2 Mio €.

cc) Abschreibung für Abnutzung

Bei der Abschreibung für Abnutzung (AfA) ist zu unterscheiden: Da nach dem Tod des Erblassers der Nachlass auf die Erbengemeinschaft übergeht, werden bei Privatvermögen auch die Abschreibungen des Erblassers von der Erbengemeinschaft fortgeführt (Beispiel: der Erblasser konnte bei einem Gebäude jährlich 6.000 € abschreiben; die Erbengemeinschaft führt diesen Betrag fort und trägt ihn in die gemeinsame Steuererklärung ein). Nach Auflösung der Erbengemeinschaft durch Teilung ist für jeden Miterben zwischen dem entgeltlich (durch Abfindungszahlung) und dem unentgeltlich erworbenen Teil des Wirtschaftsgutes zu unterscheiden. (1) Bei dem unentgeltlich erworbenen Teil des Wirtschaftsguts führt der Miterbe die von der Erbengemeinschaft vorgenommene Abschreibung anteilig fort, § 11 d Abs. 1 EStDV. (2) Beim entgeltlich (gegen Abfindungszahlung) erworbenen Teil sind der Abschreibung die Anschaffungskosten dieses Teils (also die Abfindungszahlung) als Bemessungsgrundlage zugrunde zu legen. Für Höhe und Dauer der Abschreibung kommt es bei Gebäuden idR auf § 7 Abs. 4 EStG an. Deshalb kann sich bei Gebäuden für den unentgeltlich und den entgeltlich erworbenen Teil eine unterschiedliche Abschreibungsdauer ergeben (BMF-Erlass Rz 31).

Beispiel: Der Erblasser erwarb vor vielen Jahren ein Gebäude mit Anschaffungskosten von 2 Mio €. Es wurde mit 2% jährlich abgeschrieben und war bei seinem Tod bereits bis auf 800.000 € abgeschrieben. Er hinterlies dieses bebaute Grundstück (Verkehrswert des Bodens 500.000 € und des Gebäudes 1,5 Mio €) sowie 1 Mio € Guthaben. Miterben zu je $1/2$ wurden A und B. Bei der Teilung erhält A das bebaute Grundstück, B das Guthaben. A zahlte an B ferner 500.000 € (letztlich bekam somit jeder Miterbe 1,5 Mio).

A hat das Gebäude zu $1/4$ entgeltlich (für 500.000 €) erworben, zu $3/4$ unentgeltlich (durch Erbschaft). A hatte also Abschaffungskosten von 500.000 €, wovon 75% (1,5 : 0,5), also 375.000 €, auf das Gebäude entfielen. Hinsichtlich des unentgeltlich erworbenen Teils ($3/4$ von 2 Mio €, also 1,5 Mio €) führt A die Abschreibung der Erbengemeinschaft (dh des Erblassers) fort, also 2% aus 1,5 Mio €, das sind im Jahr 30.000 € (aber nur noch 20 Jahre). Hinsichtlich der 375.000 € Anschaffungskosten für den entgeltlich erworbenen Teil kann A 2%, also 7.500 €, jährlich abschreiben (50 Jahre lang).

c) Betriebsvermögen

aa) Realteilung ohne Abfindungszahlungen

Gehört zum Nachlass *nur* Betriebsvermögen und wird ohne Abfindungszahlung real geteilt (zB A erhält die Bäckerei; B die Mühle) entstehen weder Anschaffungskosten noch Veräußerungsgewinne.

Wenn aber **keine Betriebsfortführung** erfolgt, liegt eine Betriebsaufgabe vor, durch die regelmäßig ein begünstigter Aufgabegewinn (§ 16 Abs. 3 S. 1, 34 EStG) entsteht (Ausnahmen: § 16 Abs. 3 S. 2 bis 4 EStG; § 6 Abs. 5 EStG).

Beispiel: Zum Nachlass gehört ein Betriebsvermögen, bestehend aus zwei Grundstücken mit je 200.000 € Buchwert und je 2 Mio € Verkehrswert. A und B sind Mitreben zu je 1/2, geben den Betrieb auf und teilen dahin, dass A das eine und B das andere Grundstück erhält, die beide nun zum Privatvermögen gehören. Die Erbengemeinschaft erzielt einen Betriebsaufgabegewinn von 3,6 Mio €, den A und B je zu 1/2 als Einkommen zu versteuern haben. Für ihre künftige Gebäude-Abschreibung müssen A und B jeweils von den Entnahmewerten ausgehen (R 7.3 VI 4 und R 7.4.XI EStR).

Die Miterben können jedoch die Buchwerte fortführen, wenn die bei der Aufteilung erworbenen Güter in ein anderes Betriebsvermögen der Miterben übertragen werden (§ 16 Abs. 3 S. 2 bis 4 EStG).

Werden Wirtschaftsgüter, die zu den wesentlichen Betriebsgrundlagen gehören, von den Miterben insgesamt ins Privatvermögen überführt, liegt eine Betriebsaufgabe vor. Ein etwaiger Entnahmegewinn ist allen Miterben zuzurechnen, es sei denn, dass der Gewinn nach den von den Miterben schriftlich getroffenen Vereinbarungen über die Erbauseinandersetzung nur dem entnehmenden Miterben zuzurechnen ist (BMF-Erlass Rz 13).

bb) Teilung mit Spitzen- oder Wertausgleich

Wird im Rahmen einer Erbauseinandersetzung ein Nachlass real geteilt und erhält ein Miterbe dabei wertmäßig mehr, als ihm nach seiner Erbquote zusteht, und zahlt er für dieses „Mehr“ an seine Miterben eine Abfindung, liegt insoweit ein Anschaffungs- und

Veräußerungsvorgang vor. In Höhe der Abfindungszahlung entstehen Anschaffungskosten. Werden die bei der Aufteilung erworbenen Wirtschaftsgüter in ein anderes Betriebsvermögen des Miterben übertragen, ist der sich aus dem Veräußerungsgeschäft ergebende Veräußerungsgewinn nicht nach §§ 16, 34 EStG begünstigt, sondern als laufender Gewinn zu besteuern (BMF-Erlass Rz 14).

Das Problem „Veräußerungsgewinn" kann uU dadurch umschifft werden, dass der Haupterwerber anstelle der Zahlung einer Abfindung einen überproportionalen Anteil der Nachlassverbindlichkeiten übernimmt.

d) Mischnachlässe

(1) Wird ein Nachlass, der aus Betriebsvermögen und Privatvermögen zusammengesetzt ist, *ohne* Abfindungszahlungen geteilt, entstehen keine Anschaffungskosten, keine Veräußerungserlöse und keine Veräußerungsgewinne (BMF-Erlass Rz 32).

Beispiel: E hinterlässt Betriebsvermögen (zB ein Gasthaus, Spenglerei) im Wert von 3 Mio € und privaten Grundbesitz (Wert 3 Mio €): Die Miterben A und B (je 1/2) teilen dahin, dass A das Betriebsvermögen und B den privaten Grundbesitz erhält. Der Mitunternehmeranteil des B geht ohne Gewinnrealisierung auf A nach § 6 Abs. 3 EStG zum Buchwert über. A führt die Buchwerte fort. B führt bezüglich des privaten Grundbesitzes die Abschreibungsreihe der Erbengemeinschaft (dh des Erblassers) fort.

(2) Wird ein Nachlass, der aus Betriebsvermögen und Privatvermögen zusammengesetzt ist, gegen Abfindungszahlungen geteilt, entstehen bei Zahlenden Anschaffungskosten (Folge: Abschreibungen sind möglich) und bei Zahlungsempfänger ein Veräußerungserlös, der u. U. als Veräußerungsgewinn einkommensteuerpflichtig sein kann (BMF-Erlass Rz 36).

e) Veräußerung des Nachlasses und Teilung des Erlöses

aa) Privatvermögen

Wird der gesamte Nachlass veräußert, dann die Schulden bezahlt und der Restbetrag nach Erbquoten auf die Miterben aufgeteilt, unterliegt bei Privatvermögen ein durch die Veräußerung anfallender Gewinn nur dann der Einkommensteuer, wenn ein die Voraussetzungen des § 23 EStG (bestimmte **private Veräußerungsgeschäfte** innerhalb der Frist, Spekulationsgeschäfte) oder des § 17 EStG (Veräußerung von wesentlichen Anteilen an Kapitalgesellschaften), oder des § 21 UmwandlungsStG vorliegen.

Beispiele: (1) Der Erblasser hatte 2001 eine Grundstück für 100.000 € erworben; dann stirbt er. Die Miterben verkaufen das Grundstück 2008 für 130.000 €. Der Gewinn von (vereinfacht gerechnet) 30.000 € unterliegt der Einkommensteuer, dh bei zwei Miterben zu je $^1/_2$ hat jeder die Hälfte zu versteuern. Denn bei einem Grundstück beträgt der schädliche Zeitraum zwischen Anschaffung und Veräußerung zehn Jahre (§ 23 Abs. 1 S. 1 Nr. 1 EStG). Wenn die Miterben mit dem Verkauf bis zum Ablauf der Frist warten, entfällt die Steuer. (2) Der Erblasser hatte am 31. 1. 2007 Aktien für 100.000 € erworben, dann stirbt er. Die Erben verkaufen noch im Januar 2008 die Aktien mit Gewinn. Es fällt Einkommensteuer an, weil der schädliche Zeitraum bei Wertpapieren 1 Jahr beträgt (§ 23 Abs. 1 S. 1 Nr. 2 EStG); die Erben sollten noch bis Februar warten.

bb) Betriebsvermögen

Wird der gesamte Betrieb von den Miterben veräußert liegt ein Fall des § 16 Abs. 1 EStG vor; der erzielte Veräußerungsgewinn unterliegt der Einkommensteuer und ist von den Miterben begünstigt zu versteuern (§§ 16, 34 EStG). Wird der Betrieb von den Miterben nicht fortgeführt und werden die einzelnen Wirtschaftsgüter des Betriebsvermögens (zB Maschinen) veräußert, kann eine steuerlich begünstigte Betriebsaufgabe vorliegen (§ 16 Abs. 3 S. 1 EStG).

cc) Gewerblicher Grundstückshandel

Ein gewerblicher Grundstückshandel liegt – auch bei Privatpersonen – zB vor, wenn mehr als drei Objekte innerhalb von fünf Jahren veräußert werden. Sämtliche Erträge müssen dann versteuert werden. Der Verkauf von geerbten Grundstücks ist aber nicht in die Drei-Objekt-Grenze einzubeziehen. Die Zehnjahresgrenze des § 23 EStG (oben aa) gilt aber.

f) Ausscheiden eines Miterben aus der Erbengemeinschaft durch Abschichtung

Scheidet ein Miterbe durch sog. Abschichtung (S. 67) aus der Erbengemeinschaft aus, so wächst sein Anteil am Nachlass den verbliebenen Miterben zu. Dies wird wie eine Erbteilsübertragung betrachtet. Erhält der Miterbe keine Abfindung, verschenkt er ihn. Es liegt ein unentgeltlicher Vorgang vor, so dass weder Anschaffungskosten noch Veräußerungserlöse entstehen. Schenkungsteuer kann aber anfallen. Erhält der Miterbe eine Barabfindung, liegt ein entgeltlicher Vorgang vor; Veräußerungserlöse und Anschaffungskosten entstehen (s. oben S. 165 ff).

g) Übertragung eines Miterbenanteils

Ein Miterbe kann seinen ideellen Erbanteil (also die Erbquote) an einen anderen Miterben oder an eine dritte Person verkaufen oder verschenken (§ 2033 Abs. 1 BGB). Beim Verschenken entstehen keine Anschaffungs- oder Veräußerungserlöse, es fällt also keine Einkommensteuer an, evtl aber Schenkungsteuer. Die Ausschlagung gegen Abfindung wird wie ein Verkauf behandelt. Beim Verkauf hat der Käufer Anschaffungskosten und der Verkäufer einen Veräußerungserlös. Hier muss sodann unterschieden werden, ob zum Nachlass nur Privatvermögen gehört, oder nur Betriebsvermögen oder ob es sich um einen Mischnachlass handelt (BMF-Erlass Rz 41).

Beispiel: E hinterlässt seinen drei Söhnen A, B, C (Miterben zu je 1/3) ein privates Mietshaus, das E vor 20 Jahren für 2,5 Mio € (Anteil Gebäude 2 Mio €) erworben und mit 2% (dh 40.000 € jährlich) abgeschrieben hatte (Restwert beim Todesfall: 1,2 Mio €; Abschreibungsdauer insgesamt 50 Jahre). C verkauft seine Erbquote für 700.000 € an D. Nach dem Verhältnis 2,5 zu 2,0 entfallen somit 560.000 € (von den 700.00 €) auf das Gebäude. A und B haben ihre Erbquoten und damit auch ihre Anteile am Gebäude unentgeltlich (durch Erbschaft) erworben; sie führen die Abschreibung des E fort (§ 11 d Abs. 1 EStDV), also jeder 13.334 € jährlich (je 1/3 von 40.000 €, noch 30 Jahre). D dagegen kann 2% von 560.000 € (also 11.200 €) jährlich (50 Jahre lang) abschreiben.

h) Teilerbauseinandersetzung

Bei einer Teilauseinandersetzung gibt es einige Besonderheiten. Wenn Abfindungen geleistet werden, liegen Veräußerungsentgelte und Anschaffungskosten vor, obwohl die Miterben am Restnachlass noch gemeinsam beteiligt sind (BMF-Erlass Rz 56–58).

Beispiel: Zum Nachlass gehört ein Betrieb (Buchwert 200.000 €, Verkehrswert 1 Mio €) und ein Privatgrundstück (Wert 500.000 €). Miterben sind A und B zu je 1/2. Bei der Teilauseinandersetzung erhält A den Betrieb, A zahlt an B 500.000 €. Das Privatgrundstück bleibt in der Erbengemeinschaft. B hat einen (nach §§ 16, 34 EStG) tarifbegünstigen Veräußerungsgewinn von 400.000 € erzielt (1 Mio € – 200.000 €: geteilt durch 2), A stockt den Buchwert des Betriebs um 400.000 € auf. Das Schicksal des Restnachlasses bleibt zunächst außer Betracht.

Eine weitere Teil-(oder End-)Auseinandersetzung kann mit der ersten Teilauseinandersetzung eine Einheit bilden oder nicht. Die Finanzverwaltung akzeptiert, dass eine solche **weitere Auseinandersetzung** von Anfang an geplant war, wenn seit der vorausgegangene Teilauseinandersetzung nicht mehr als **fünf Jahre** vergangen sind (BMF-Erlass Rz 58). Man spricht hier von „umgekehrten Abfindungen“: sie vermindern die Anschaffungskosten und Veräußerungserlöse. Eine zeitlich spätere weitere Teilauseinandersetzung wird nicht mehr als Einheit mit der vorherigen betrachtet, sondern wie eine selbständige Auseinandersetzung betrachtet. Was günstiger ist kann idR nur ein Steuerberater ausrechnen.

Beispiel: Wenn im obigen Beispiel sich A und B nach vier Jahren endgültig auseinandersetzen und B das Grundstück im Wert von 500.000 € erhält, weshalb er an A 250.000 € zahlt, dann hat B insgesamt nur noch einen Veräußerungsgewinn von 200.000 € erzielt, der nicht mehr nach §§ 16, 34 EStG begünstigt ist. Bei A mindert sich die Aufstockung der Buchwerte um 200.000 €.

Wenn sich dagegen A und B erst nach sechs Jahren endgültig auseinandersetzen, liegt keine Einheit mehr vor. Es bleibt beim alten Veräußerungsgewinn des B von 400.000 €.

i) Beteiligung des Erblassers an einer Personengesellschaft

Mit dem Tod eines Gesellschafters scheidet dieser aus der Gesellschaft (OHG, KG) aus und die **überlebenden Gesellschafter setzen die Gesellschaft fort,** wenn nichts anderes vereinbart ist (§ 131 Abs. 3 HGB). Die Erben des Gesellschafters erlangen einen Abfindungsanspruch gegen die restlichen Gesellschafter. Steuerlich realisiert der Erblasser einen begünstigten Veräußerungsgewinn (§§ 16, 34 EStG) in Höhe des Unterschieds zwischen dem Abfindungsanspruch und dem Buchwert seines Kapitalkontos im Todeszeitpunkt (BFH BStBl II 1994, 227).

Ist im Gesellschaftsvertrag vereinbart, dass sich die **Gesellschaft mit dem Tod auflöst**, liegt grds eine nach §§ 16, 34 EStG begünstigte Betriebsaufgabe vor.

Ist eine **Eintrittsklausel** im Gesellschaftsvertrag vereinbart worden (dh ein Erbe hat das Recht, in die Gesellschaft einzutreten), dann hat der Berechtigte das Eintrittsrecht geerbt. Steht ihm im Falle des Nichteintritts eine Abfindung zu, wurde ein tarifbegünstigter Veräußerungsgewinn erzielt.

Bei der **einfachen Nachfolgeklausel** (die Gesellschaft wird laut Gesellschaftsvertrag mit allen Erben des Verstorbenen fortgeführt) führen Abfindungen an die weichenden Miterben zu Anschaffungskosten.

Bei der **qualifizierten Nachfolgeklausel** (die Gesellschaft wird laut Gesellschaftsvertrag nur mit bestimmten Erben fortgeführt, zB denen, die die Bäckermeisterprüfung haben) folgt nur ein (oder einige) Miterbe dem Erblasser in seiner Gesellschafterstellung nach. Daher sind nur die qualifizierten Miterben als Mitunternehmer anzusehen. Zahlen die qualifizierten Miterben an die nichtqualifizierten Miterben eine Abfindung entstehen weder Anschaffungskosten noch Veräußerungsgewinne (BMF-Erlass Rz 72). Es kommt zu einer anteiligen Entnahme etwaigen Sonderbetriebsvermögens (dh Vermögen, welches der Erblasser der Gesellschaft zur Verfügung gestellt hat), soweit das Sonderbetriebsvermögen auf die nicht qualifizierten Miterben entfällt (§ 39 Abs. 2 Nr. 2 AO). Der Entnahmegewinn (durch Aufdeckung stiller Reserven) ist dem Erblasser zuzurechnen, es sind Einkommensteuern zu zahlen. Hier hätte der Erblasser vor seinem Tod durch entsprechende testamentarische Anordnungen vorsorgen sollen.

Sachverzeichnis

Zahlen = Seiten

Erben und Vererben

Winkler

Erbrecht von A–Z

Über 240 Stichwörter zum aktuellen Recht. Übersichtlich, klar und verständlich erfahren Sie alles zu Testament und Erbvertrag, Erbfolge und Pflichtteilsrecht, Erbenhaftung, Erbengemeinschaft, Erbschein und Erbschaftsteuer. Mit zahlreichen Formulierungsbeispielen.

11. Aufl. 2008. 329 S. §
€ 9,50. dtv 5061
Neu im Dezember 2007

Klinger

Erbrecht in Frage und Antwort

Der Ratgeber erklärt leicht verständlich alle Fragen zu Testament, Erbvertrag, Widerruf und Anfechtung letztwilliger Verfügungen, Schenkung, Vorsorgevollmacht und Patientenverfügung.
Zahlreiche Tipps zur Formulierung machen die Umsetzung einfach.
Mit Informationen zu Kosten und Gebühren von Notar, Gericht und Rechtsanwalt sowie zur Erbschaftsteuer.

2. Aufl. 2006. 265 S. §
€ 10,–. dtv 50637

Klinger

So gestalte ich mein Testament

1. Aufl. 2008. 31 S.
€ 4,95. dtv 50401
Neu im Dezember 2007

Ubert

Guter Rat zu Testament und Erbfall

Ratgeber zu allen Rechtsfragen rund um Testament und Erbfall.
Eine umfassende und allgemein verständliche Darstellung des Erbrechts und der steuerrechtlichen Fragen.
Mit vielen Beispielen, Tipps und Mustern.

4. Aufl. 2007. 422 S. §
€ 11,50. dtv 50622

Klinger/Roth

Testament für Unternehmer und Freiberufler

Alle wichtigen Regelungen für Selbständige mit zahlreichen Mustern und der Vorsorgevollmacht.

1. Aufl. Rd. 200 S. §
Ca. € 9,50. dtv 50658
In Vorbereitung

Zeichenerklärung: § Rechtsberater € Wirtschaftsberater

Zimmermann
Rechtsfragen bei einem Todesfall

Erbrecht, Testament, Steuern, Versorgung, Bestattung.
Dieser Ratgeber berücksichtigt alle Rechtsfragen, die sich für Angehörige und Hinterbliebene stellen. Neben Erbrechtsfragen werden auch Themen wie Sozialhilfe, Bestattung, Beihilfen und Erbschaftsteuer behandelt.

5. Aufl. 2004. 268 S. §
€ 10,–. dtv 5632

Klinger/Schulte
Immobilien schenken und vererben

Ein Ratgeber nicht nur für Eigentümer, die ihre Immobilie gezielt weitergeben wollen. Auch Erben erhalten wichtige Ratschläge zu Sofortmaßnahmen im Todesfall, steuerlichen Aspekten und rechtlichen Fragen im Erbfall.
Mit praxiserprobten Musterformulierungen für rechtssichere Übergabeverträge und Testamente und zahlreichen Beispielen für steueroptimierte Gestaltungen.

1. Aufl. 2006. 165 S. §
€ 9,50. dtv 50644

P149710-S11

Zeichenerklärung: § Rechtsberater € Wirtschaftsberater